马克思主义简明读本

农村包围城市理论

丛书主编：韩喜平
本书著者：刘丽欣

吉林出版集团股份有限公司

图书在版编目（CIP）数据

农村包围城市理论 / 刘丽欣著. -- 长春：吉林出版集团股份有限公司，2014.4（2021.2重印）
（马克思主义简明读本）

ISBN 978-7-5534-2610-5

Ⅰ. ①农… Ⅱ. ①刘… Ⅲ. ①农村包围城市－研究－中国 Ⅳ. ①D612

中国版本图书馆CIP数据核字（2013）第174262号

农村包围城市理论
NONGCUN BAOWEI CHENGSHI LILUN

丛书主编： 韩喜平
本书著者： 刘丽欣
项目策划： 周海英　耿　宏
项目负责： 周海英　耿　宏　宫志伟
责任编辑： 宫志伟　于　欢
出　　版： 吉林出版集团股份有限公司
发　　行： 吉林出版集团社科图书有限公司
电　　话： 0431-81629720
印　　刷： 永清县晔盛亚胶印有限公司
开　　本： 710mm×960mm　1/16
字　　数： 100千字
印　　张： 12
版　　次： 2014年4月第1版
印　　次： 2021年2月第4次印刷
书　　号： ISBN 978-7-5534-2610-5
定　　价： 36.00元

序　言

习近平总书记指出，青年最富有朝气、最富有梦想，青年兴则国家兴，青年强则国家强。青年是民族的未来，“中国梦”是我们的，更是青年一代的，实现中华民族伟大复兴的“中国梦”需要依靠广大青年的不断努力。

要提高青年人的理论素养。理论是科学化、系统化、观念化的复杂知识体系，也是认识问题、分析问题、解决问题的思想方法和工作方法。青年正处于世界观、方法论形成的关键时期，特别是在知识爆炸、文化快餐消费盛行的今天，如果能够静下心来学习一点理论知识，对于提高他们分析问题、辨别是非的能力有着很大的帮助。

要提高青年人的政治理论素养。青年是祖国的未来，是社会主义的建设者和接班人。党的十八大报告指出，回首近代以来中国波澜壮阔的历史，展望中华民族充满希望的未来，我们得出一个坚定的结论——实现中华民族伟大复兴，必须坚定不移地走中国特色社会主义道路。要建立青年人对中国特色社会主义的道路自信、理论自信、制度自信，就必须要对他们进行马克思主义理论教育，特别是中国特色社会主义理论体系教育。

要提高青年人的创新能力。创新是推动民族进步和社会发展的不竭动力，培养青年人的创新能力是全社会的重要职责。但创新从来都是继承与发展的统一，它需要知识的积淀，需要理论素养的提升。马克思主义理论是人类社会最为重大的理论创新，系统地学习马克思主义理论有助于青年人创新能力的提升。

要培养青年人的远大志向。“一个民族只有拥有那些关注天空的人，这个民族才有希望。如果一个民族只是关心眼下脚下的事情，这个民族是没有未来的。”马克思主义是关注人类自由与解放的理论，是胸怀世界、关注人类的理论，青年人志存高远，奋发有为，应该学会用马克思主义理论武装自己，胸怀世界，关注人类。

正是基于以上几点考虑，我们编写了这套《马克思主义简明读本》系列丛书，以便更全面地展示马克思主义理论基础知识。希望青年朋友们通过学习，能够切实收到成效。

韩喜平

2013年8月

目　录

引　言

农村包围城市、武装夺取政权是中国革命取得胜利的唯一正确道路，这一道路是党在新民主主义革命的实践中逐步探索出来的。中国共产党关于农村包围城市、武装夺取政权的革命道路理论，在土地革命战争时期初步形成，抗日战争时期最终确立，解放战争时期完满实现。农村包围城市、武装夺取政权道路的理论，是中国共产党集体智慧的结晶。

中国革命应该走什么样的道路，党对此进行了艰难探索。从城市到农村，还是从农村到城市，曾经在十几年里“争得一塌糊涂”。党对这一问题的认识，经过了一个逐步探索的过程。在西方，无论是资产阶级革命还是无产阶级革命，几乎都是在大城市展开的，许多革命甚至就发生在本国的首都。19世纪上半叶的欧洲无产阶级革命、巴黎公社和1917年的俄国十月革命，革命重点都在中心城市。中国近代的革命也长期在大城市进行。太平天国运动、辛亥革命乃至于国共两党共同发起的北伐战争无不如此。中国历史上的许多农民起义，要么是以占领重要城市为目标，要么是以攻陷城池甚至焚毁王都为主要胜利标志。

年轻的中国共产党在共产国际的指导下，以苏联革命为模式，也把中心城市的武装起义当成无产阶级夺取政权的唯一道路。但是随着1927年三大起义的失败，中国共产党人不得不重新思考党的工作重心转移问题。中国革命的道路如何走，这是中国革命最为重要的一个问题。1927年秋，在秋收起义久攻长沙不下的情况下，毛泽东毅然放弃了攻打长沙的计划，将部队带到了湘赣边界的井冈山，创建了井冈山革命根据地。从此，中国共产党走上了与十月革命不同的新型革命道路。在建立和发展农村革命根据地的过程中，毛泽东在理论上和实践上阐述了中国革命必须走农村包围城市的道路，创立了由农村包围城市、武装夺取政权的道路的理论。

实践证明，农村包围城市道路在中国革命和战争年代是夺取中国革命胜利唯一一条正确的道路，今天在建设中国特色社会主义道路上，这个理论必将对中国特色社会主义建设具有现实的启迪意义。比如十八大提出“城乡一体建设”，并认为城乡发展一体化是解决“三农”问题的根本途径；

还有十八大首次提出建设“美丽中国”等等。正像邓小平所说的：“过去搞民主革命，要适合中国情况，走毛泽东同志开辟的农村包围城市的道路。现在搞建设，也要适合中国情况，走出一条中国式的现代化道路。”

本书在写作过程中参考了一些同人的著作，在此一并致谢。当然，也有很多不足，殷切期望同行们和广大读者提出宝贵的意见。

第一章　中国革命道路的艰难选择

1840年鸦片战争以后，中国日益沦为一个半殖民地半封建国家，民族危亡，民不聊生。救国寻路，民族复兴，成为近代中国的基本政治主题。中国的各种政治力量为此进行了不懈探索，作了大量尝试。

首先是洋务派搞起了“中学为体，西学为用”，引进西方的先进技术，试图在不变清王朝封建皇权的前提下走强国之路，结果是失败。紧接着康有为、梁启超为代表的民族资产阶级改良派登上政治舞台，发动“戊戌变法”，在中国仅建立103天的君主立宪式的资本主义，结果同样是失败。之后孙中山领导了辛亥革命，推翻了两千多年的封建帝制，拉开了中国民主革命的序幕。但由于中国民族资产阶级自身的软弱性、妥协性和对帝国主义、封建主义的依赖性，不能和不敢充分发动和依靠广大人民群众，中国革命仍然处在失败当中。

就在中国先进的知识分子在“长夜难明赤县天，百年魔怪舞翩跹”的黑暗中苦苦求索时，1917年，俄国十月革命爆发，给中国送来了马克思主义，第一次把社会主义从理论学说变成了活生生的现实。它像一缕新世纪的曙光，照亮了中国漫漫长夜的前程。“走俄国人的路”成为中国先进知识分子们的选择。

第一节　效仿俄国，走城市为中心的革命道路

一、共产国际帮助中国建党

列宁在1919年3月领导创建了用于指导世界各国共产党和共产主义团体的一个国际联合组织——共产国际即第三国际，总部位于莫斯科。共产国际的任务是指导欧美各国无产阶级政党进行革命斗争，同时，也密切关注中国等亚洲国家的革命运动。

共产国际成立后不久，中国即爆发了轰轰烈烈的五四运动。1920年春，共产国际批准俄共（布）远东局海参崴（今符拉迪沃斯托克）分局外国处派出全权代表维经斯基、马林

和尼克尔斯基等人来中国，了解五四运动后中国革命运动发展的情况，以帮助中国共产党建党。

马林，荷兰共产主义者，印尼共产党的创始人。1920年，马林作为印尼共产党代表前往莫斯科出席共产国际第二次大会，当选为共产国际执行委员和民族殖民地问题委员会书记。在会上，马林给列宁留下了深刻印象，决定派遣其前往中国，帮助中国的共产主义者建立政党。马林的公开身份是记者，但由于他长期从事革命活动，被欧洲各国的情报部门和外交部门视为一个危险分子。他到中国后，其行踪就被公共租界和荷兰驻华大使馆情报人员盯上了。

尼克尔斯基的身世则显得较为神秘。尼克尔斯基生于1898年，卒于1943年。1921年，加入俄共（布），曾在远东赤塔商学院读完三年级的大学课程。1919—1920年，在远东共和国人民革命军中服役。1921年，转入共产国际机关行政处工作，当时取名瓦西里或瓦西里耶夫。1921—1925年，在中国东北工作。1926年从哈巴罗夫斯克转到赤塔。1938年，因托派嫌疑而被捕入狱，1943年，被错杀，终年45岁，后被平反。

此时，中国先进的共产主义知识分子李大钊和陈独秀等人正在着手筹备建党。维经斯基到中国后，先后在北京和上海会见了李大钊、陈独秀等人，介绍了十月革命后俄国的情况及苏俄的对华政策，以及国际共产主义运动的状况和经验，并对李大钊和陈独秀的建党工作给予了指导和帮助。除了李大钊、陈独秀等人在筹建党组织之外，在湖南长沙还有一群年轻的知识分子也在关注着中国的命运。

1921年新年的长沙，一个大雪纷飞的日子。十几个年轻人，来到潮宗街文化书社，召开新民学会长沙学员新年大会。会议是在一个不被人关注的小房子里进行的，但讨论的话题却是当时最为热烈的改造中国与世界的方法和目的。

28岁的毛泽东在会上作了两次发言。他赞成用俄国式的革命道路。他比较了社会民主主义、无政府主义等方法，认为“激烈方法的共产主义，即所谓劳农主义，用阶级专政的方法，是可以预计效果的，故最宜采用”。

毛泽东同志不过是那个年代中国先进知识分子的一个代表。在当时中国的许多大城市，比如北京、上海、广州等地，一批先进的知识分子不约而同地走到了马克思主义的旗帜下，认定只有马克思主义、社会主义能够救中国。他们为什么会作出这样的选择呢？毛泽东同志道出了其中的缘由：

“我看俄国式的革命，是无可如何的山穷水尽诸路皆走不通了的一个变计，并不是有更好的方法弃而不采，单要采这个恐怖的方法。”“山穷水尽诸路皆走不通”，毛泽东同志用形象的10个字，概括了近代以来无数仁人志士探索民族复兴的苦涩历程。

经过一番酝酿和准备，中国第一个共产党早期组织于同年8月在上海法租界老渔阳里2号《新青年》编辑部正式成立。当时取名为“中国共产党”。各地共产党早期组织共派出13名代表出席中共一大，陈独秀为书记，马林和尼可尔斯基列席了会议。大会通过了党的第一个纲领和第一个决议，宣告了中国共产党的成立。

中国共产党成立后，探索中国革命道路的重任就此开始了。

二、城市中心论

中国革命应该走什么样的道路？几经周折，颇为艰难，期间经历了一个艰难的探索过程。在西方，无论是资产阶级革命还是无产阶级革命，几乎都是在大城市展开。在马克思主义经典作家著作中，无产阶级革命重点都放在城市。巴黎公社、十月革命，都是在城市中进行的。特别是俄国十月革命深深地影响着中国先进的知识分子们，走俄国人的路就是我们的选择，因此革命初期党也自然地将工作重心放在了城市，走上了城市为中心的革命道路。

所谓城市中心论，主要是指主张革命发展道路以城市为革命中心，以工人阶级为革命斗争的主要力量，和平时期在城市进行合法斗争；在革命时机成熟时，在城市中举行工人起义，先占领城市，后进攻乡村，最后夺取全国政权。自马克思主义诞生以来，欧洲各国的无产阶级革命运动都是按照这样的传统模式进行的。这种模式就像中国的一个早期领导人瞿秋白所讲的“夺取首都，一击而中”的形式。这是一条欧洲资本主义国家无产阶级革命所经历的、被俄国十月革命证实是正确的道路。列宁领导的俄国十月革命，从首都彼得格勒的武装起义开始，进而把革命推向全国，推翻了沙皇的统治，建立起世界上第一个社会主义国家，从实践上证明了无产阶级革命以城市为中心道路的正确，成为了无产阶级夺取政权传统模式的成功典范。

这条被俄国十月革命证实正确的道路在中国能不能行得通呢？未必尽然。中国共产党面对的是一个半殖民地半封建的落后农业大国，农民占人口的绝大多数，分散的小农经济、小生产广泛存在，又遭受着帝国主义侵略和压迫。中国的条件与马克思、恩格斯、列宁所分析的西方资本主义国家进行无产阶级革命的条件有着巨大的差别。

最初，年轻的中国共产党基本照搬马克思主义学说和俄国革命的经验，把主要力量放在了城市，在城市领导工人运动。1921年8月，在上海成立了领导全国工人运动的公开机构——中国劳动组合书记部，并在北京、武汉、长沙、广州、济南建立了分部。劳动组合书记部还创办刊物，开办补习学校，派党员深入到工人群众当中去，宣传马克思主义，启发工人觉悟。在它的领导下，1922年1月至1923年2月，全国兴起了第一次工人运动高潮。

1922年1月，香港海员为增加工资举行大罢工，前后持续时间约4个月，迫使港英当局屈服。它是中国工人阶级第一次直接与帝国主义势力进行有组织的较量，罢工的胜利增强了工人阶级斗争的勇气，推动了全国工人运动的发展。1922年9月，安源路矿1.7万余人，在刘少奇、李立三的直接领导下，为保障自身权利，改良生活待遇举行大罢工，迫使路矿当局承认了工人提出的大部分条件，最终取得了胜利。1923年2

月4日，京汉铁路2万多名工人也举行总罢工，但却遭到帝国主义和反动军阀的残酷镇压，这次罢工失败了，工人运动由此转入低潮。第一次工人运动高潮是在中国共产党的领导下进行的，它显示了党的组织发动能力，显示了中国工人阶级的斗争力量。但是，它也清楚地告诉中国共产党人，中国革命仅靠无产阶级、不进行武装斗争是不可能取得最终的成功的。

工人运动转入低潮之后，未来的路怎么走成为了年轻的中国共产党人思考的难题。在共产国际的促动下，中国共产党决定和国民党合作。

三、国共合作

1924年1月，国民党一大召开，共产党员以个人名义加入国民党，第一次国共合作正式形成。当时加入国民党的有共产党员李大钊、谭平山、毛泽东、林祖涵、瞿秋白等10人，他们分别当选为国民党中央执行委员或候补执行委员，其中一些人在国民党中央党部担任重要职务：谭平山担任组织部长，林祖涵任农民部长，毛泽东任宣传部代理部长等。

国共合作实现后，在苏俄政府的支持和中国共产党的帮助下，孙中山创办了黄埔军校，为国共两党培养了大批军事人才。而此时的中国共产党则将主要的精力投向了民众运动。不仅领导了城市中的广州沙面工人罢工、五卅运动等一系列规模浩大的工人运动，还做大量的农运工作，将大革命推向了高潮。比如开办了广州农民运动讲习所，培养农民干部，以推动农民运动的发展。在毛泽东负责的第六届农民运动讲习所，设立了军事训练部，对学员实行军事编制，学习军事课程，进行军事训练，以武装农民。虽然党的工作重心放在了城市，但是毛泽东、彭湃等人不畏艰险，深入乡村开展农运工作，为日后将工作重心转向农村积累了经验。

1925至1927年间，毛泽东撰写了《中国社会各阶级的分析》、《国民革命与农民运动》、《湖南农民运动考察报告》等著作，就是这一时期开展农民运动的经验总结。他在《国民革命与农民运动》开篇就提出："农民问题乃是国民革命的中心问题，农民不起来参加并拥护国民革命，国民革命不会成功；农民运动不赶速地做起来，农民问题不会解决；农民问题不在现在的革命运动中得到相当的解决，农民不会拥护这个革命。"他还号召要立刻下决心，把农民问题开始研究起来，到乡村中去。这些认识为他日后创造性地开辟中国特色革命道路奠定了最初的思想基础。不过客观地讲，当时包括毛泽东在内的中国共产党人，对于农民运动的了解还是“异常肤浅的”。1956年9月25日，毛泽东在与参加中共八大的拉丁美洲一些党的代表谈话时讲到，当时“我们许多同志从平面看农村，不是立体地看农村，……在这个时期，我研究过农村，办过几期农民运动讲习所，虽然有些马克思主义，但是看得不深入”。对于如何发动农民、如何深入农村、如何取得革命的胜利，毛泽东等中国共产党人仍然需要在实践中继续探索。

中国共产党人之所以深入农村做大量的农运工作，是由于国民党人大多不愿意从事吃苦的下层民众运动，国民党人数多，力量大，而第一次国共合作期间的共产党人数少，吃苦耐劳的工作自然而然就落到了共产党员的肩上。由此一来，国共两党的合作形态，就逐渐呈现出国民党主要做上层工作，共产党主要做下层工作的分工。也就是说，大革命时期，国共两党，一个关注上层，一个关注下层；一个重视军事，一个重视民众；一个注重枪杆，一个注重笔杆；一个擅长武斗，一个擅长文斗。当两党互相合作时，无疑是一对优势互补的搭档。一旦合作破裂，共产党就吃大亏。就像毛泽东在七大的一次讲话中说的，我们“被人家一巴掌打在地上，像一篮子鸡蛋一样摔在地上，摔烂很多，但没有都打烂，又捡起来，孵小鸡”。

随着革命运动的发展，国民党内部的分化加剧，统一战线内部面临着极为复杂的局面。1925年1月，党的四大在上海召开。共产国际代表维经斯基出席了会议。会议根据共产国际制定的采取自下而上的统一战线的方针，确定党的工作重点是开展工农运动，发展工农力量，并明确提出了无产阶级在民主革命中的领导权和工农联盟问题。

此时的国共合作尽管有领导权的分争，但还是在中国共产党的努力下小心翼翼地维护着。在共产国际、苏联的支持下，从1926年7月正式开始的国共合作北伐战争一路凯歌，在半年多时间里，消灭了北洋军阀吴佩孚和孙传芳的势力，占领了长江流域大部分省份。全国革命形势特别是湘鄂赣粤等省的工农运动发展尤为迅猛异常。中国大革命取得了重大胜利。然而，在革命形势一片大好，即将取得国民革命胜利之时，国民党右派蒋介石、汪精卫却突然叛变革命，疯狂屠杀共产党员和国民党左派，维持了三年半时间的统一战线宣告破裂，轰轰烈烈的第一次国民大革命失败了。在白色恐怖血雨腥风中，中国共产党在绝境中奋起，开始了武装反抗的斗争。

第二节　各地武装起义

1927年大革命失败后，国内政治局势急剧逆转，原来生机勃勃的中国南部一片血雨腥风。蒋介石在南京建立政权后，经过一系列新军阀混战，建立起在全国范围内的统治。这个政权代表大地主大资产阶级的利益，它对外投靠帝国主义，对内镇压人民革命，用各种残酷手段镇压革命活动。中国共产党被宣布为“非法”，加入共产党成为最大的“犯罪”。为了彻底消灭共产党，1928年2月召开的国民党二届四中全会通过《制止共党阴谋案》，其中称：“凡经审察确为属于共党之理论方法机关运动者，均应积极铲除，或预为防范。”2月29日，国民党中央政治会议第一三〇次会议通过《暂行反革命治罪法》，规定对“意图颠覆中国国民党及国民政府，或破坏三民主义而起暴动者”，分别处以死刑、无期徒刑或有期徒刑。上述内容被写进同年3月公布的《中华民国刑法》。同北洋军阀一样，国民党仍然是一个代表大地主大资产阶级利益的独裁专制政权。

在这样的政权统治下，中国共产党必须继续进行反帝反封建的民主革命，首先必须直接反抗国民党的反动统治。

在国民党的铁蹄镇压下，中国共产党的许多优秀干部，群众运动的领袖，成千上万的共产党员、共青团员，革命的工人、农民、知识分子以及党外革命人士倒在血泊中，党的活动被迫转入地下。据党的第六次全国代表大会时的不完全统计，从1927年3月到1928年上半年，被杀害的共产党员和革命群众达31万多人，其中共产党员2.6万多人。汪寿华、萧楚女、熊雄、陈延年、赵世炎、夏明翰、郭亮、罗亦农、向警予、陈乔年、周文雍等党的著名活动家，为了人民的解放事业先后英勇牺牲。时任全国农民协会秘书长夏明翰在就义前写下绝命诗："砍头不要紧，只要主义真。杀了夏明翰，还有后来人。"广州起义领导人之一的周文雍在狱中写道："头可断，肢可折，革命精神不可灭。壮士头颅为党落，好汉身躯为群裂。"中共湘鄂赣特委书记郭亮在牺牲前夕写给妻子的遗言是："望善抚吾儿，以继余志。"就连中国最早的马克思主义者、党的创始人之一李大钊也被反动军阀张作霖处以绞刑杀害。在极其险恶的局势下，党的队伍中的一些人在政治上、思想上陷入混乱状态，党内存在着相当严重的消极情绪。一些不坚定分子动摇悲观，登报声明脱离共产党和共青团。有的人甚至公开向敌人忏悔，攻击共产主义和共产党，出卖党的组织和同志，成了可耻的叛徒。据1927年11月的统计，党员数量由大革命高潮时期的近6万人急剧减少到1万多人。

但是，“中国共产党和中国人民并没有被吓倒，被征服，被杀绝。他们从地上爬起来，揩干净身上的血迹，掩埋好同伴的尸首，他们又继续战斗了”。他们冲破反革命的高压，在黑暗中高举着革命的光辉旗帜，开始了探索中国革命发展新道路的历程。

一、南昌起义

1927年7月中旬，中共中央临时政治局常委会断然决定了三件大事：将党所掌握和影响的部队向南昌集中，准备起义；组织湘鄂赣粤四省的农民，在秋收季节举行暴动；召集中央会议，讨论和决定新时期的方针和政策。

8月1日，以周恩来为书记的前敌委员会及贺龙、叶挺、朱德、刘伯承等人，率领党掌握或影响下的北伐军2万多人在南昌举行起义。起义的目的是反抗国民党反动派的屠杀政策，唤醒广大中国人民，表明中国共产党要把中国革命进行到底的坚定立场，并不是要通过南昌起义这样的一种起义方式来夺取国民党的政权，起义最初的想法是联合愿意革命的国民党左派，挥师南下广东，建立革命根据地，实行二次北伐。因此，起义举的是国民党左派的旗帜，穿的是国民革命军的服装。但是国民党左派张发奎却已实行了“清共”政策，使原来的计划落空。中共中央遂决定采取独立的军事行动，集中武装力量，进行南昌暴动，并派中央常委周恩来赴南昌，组成前敌委员会领导暴动。

8月1日凌晨2时，贺龙、叶挺、朱德、刘伯承等率部举行起义，经过4个多小时的激烈战斗，歼敌1万多人，南昌守敌几乎全部被歼灭，起义部队占领了南昌城。

南昌起义后，汪精卫命令张发奎、朱培德向南昌进攻，起义前委会按原计划向南挺进。8月3日至5日，起义部队先后撤离南昌。取道临川（抚州）、宜黄、广昌，南下广东，以期恢复广东革命根据地，并占领出海口，取得国际援助，然后重新举行北伐。但这时国民革命军的大部分已经转到反革命方面，共产党领导的南昌起义部队力量弱小，不可能重新进行像大革命时期北伐那样的以占领城市为中心目标的革命战争。起义军在退出南昌后，没有认识到应就近到江西、湖南、湖北广大农村去和没有被镇压下去的农民运动相结合，以便逐步积蓄和扩大革命力量，而是忙着南下广东，劳师远征，争夺城市和出海口。这样，就使自己陷入不利的境地。

起义军向广东进军途中，由于党的领导和政治工作薄弱，天气又很炎热，长途行军，且未鼓动群众，后勤工作也不佳，士兵病的病、逃的逃，部队减员非常严重。在起义时就表现摇摆不定的第十一军第十师师长蔡廷锴，在行抵江西进贤时率部离开革命队伍，在部队中造成了很不好的影响。起义军在南下途中同前来堵截的国民党军队进行多次激烈的战斗，虽然打了一些胜仗，但本身也遭受很大伤亡。到了9月份，部队来到了一个叫三河坝的地方，起义军在三河坝兵分两路，主力由周恩来、贺龙、叶挺、刘伯承等率领，直奔潮汕；朱德则率领部分兵力留守当地，阻敌抄袭主力后路。这就是有名的“三河坝分兵”。驻三河坝的起义军近800人在朱德、陈毅等率领下，转入粤赣湘边界地区，开展游击战争。

八一南昌起义打响了武装反抗国民党反动派的第一枪，在中国共产党历史上开辟了一个新的时期。这次起义像一声春雷，使千百万革命群众在经历了一系列的严重挫败后，又在黑暗中看到了高高举起的火炬。中国共产党领导下的人民军队由此诞生。8月1日被中国共产党定为中国人民解放军的建军节。

二、八七会议和秋收起义

就在南昌起义之后的第六天，中共中央于8月7日在汉口秘密召开紧急会议，即著名的八七会议。会议是在汉口租界内苏联援华农业顾问洛卓莫夫的住处开的，会议由瞿秋白、李维汉主持，由于当时环境极其险恶，会议只开了一天。与会同志对大革命失败的原因和教训作了认真总结，毛泽东在会上发言次数最多，时间最长，反思最深刻。他在发言中讲了三个问题：一是统一战线中领导权问题；二是农民和土地问题；三是军事斗争和武装斗争问题。关于领导权问题，他有个很形象的说法，他将国共两党的合作比喻为共同建造了一座房子。我们虽然“像新娘子上花轿一样”扭扭捏捏、勉勉强强地搬进了房子里，“但始终没有当房子主人的决心”，即忽视了争取革命领导权。关于农民问题，他批评了忽视农民运动的偏向。关于军事问题，他谈的最深刻：“从前我们骂中山专做军事运动，我们恰恰相反，不做军事运动，专做民众运动。蒋唐都是拿着枪杆子起家的，我们独不管。”“以后要非常注意军事，须知政权是由枪杆子中取得的。”可见，这时候毛泽东已经提出了争取农民支持、独立领导革命的思想，而具体的途径则是把民众运动和军事运动结合起来。这次会上毛泽东当选为临时中央政治局候补委员。

八七会议确定了土地革命和武装反抗国民党反动派的总方针，即“党的现实最主要的任务是有系统地、有计划地、尽可能地在广大区域内准备农民的总暴动”。

八七会议是在中国革命的危急关头召开的，会议正式确定了实行土地革命和武装起义的方针，并把领导农民进行秋收起义作为当前党的最主要任务，从而使全党没有在白色恐怖面前惊慌失措，指明了今后革命斗争的正确方向，特别是毛泽东在会上提出“须知政权是由枪杆子中取得的”，为挽救党和革命作出了巨大贡献，中国革命从此开始由大革命失败到土地革命战争兴起的历史性转变。

按照中共中央的部署和八七会议确定的方针，中国共产党人在黑暗中高举起革命的旗帜，以血与火的抗争回答国民党的屠杀政策。党派出许多干部分赴各地，恢复和整顿党的组织，组织武装起义。

实际早在八七会议前，中共中央临时政治局常委会在决定举行南昌起义的同时，还决定在工农运动基础较好的湘、鄂、粤、赣四省发动秋收起义。1927年8月3日颁发的《中央关于湘鄂粤赣四省农民秋收暴动大纲》指出：这次暴动要“以农会为中心”，要“夺取一切政权于农民协会”。“除夺取乡村政权之外，于可能的范围应夺取县政权，联合城市工人贫民（小商人）组织革命委员会，使成为当地的革命中心”，并“实行中央土地革命政纲”。随后，中央又指示湖南省委，秋收暴动的主要目的就是要发动土地革命；并且要求把南昌起义与秋收暴动汇合起来一致向前发展。八七会议后，8月9日，中央决定派毛泽东为特派员，领导秋收起义。

根据中央的指示，中共湖南省委进行改组。8月18日和30日，改组后的湖南省委先后召开会议，讨论制订秋收起义的计划。毛泽东在会上着重阐述了枪杆子出政权的思想。会议决定要与国民党彻底划清界限，旗帜鲜明地以中国共产党的名义号召群众，并确定集中力量在湘东赣西发动以长沙为中心的武装起义。

为便于领导秋收起义，省委确定秋收起义的领导机关分为两个，一个是由各军事负责人组成的党的前敌委员会，任命毛泽东为书记，作为武装起义的军事指挥机关。另一个是党的行动委员会，由起义地区各地方党委负责人组成，任命易礼容为书记，负责地方工作。9月初，湖南省委决定11日各县起义，16日长沙起义。

这次起义不用国民革命军的番号，而是以原国民革命军第二方面军总指挥部警卫团、湖南平江和浏阳的农军、湖北崇阳和通城的部分农军、安源煤矿的工人武装等为主力部队。9月初，毛泽东在安源张家湾召开军事会议，部署起义，继而又赶往铜鼓组织起义。起义人数共约5000人，统一编为工农革命军第一师，下辖第一、第二、第三团，卢德铭（原警卫团团长，共产党员）任起义军总指挥，余洒度（共产党员，后叛变投敌）任师长。起义前夕，余洒度还收编了滞留在鄂南一带的黔军残部邱国轩团为第四团。

9月11日，起义军分别从江西的修水、安源、铜鼓等地出发，进入湖南境内，会合平江、浏阳地区的起义农民，准备会攻长沙。长沙近郊农民也参加了起义。起义军虽曾占领醴陵、浏阳县城和一些集镇，但遭到远比自己强大的反革命军队的抵抗，加上兵力分散、对敌情估计不足、缺乏作战经验、有些指挥员指挥失当和邱国轩团叛变，因而先后遭受很大损失。

今天看来，用一个师—— 一支几乎全部由工人和农民仓促组织起来的起义部队去攻取一个省会城市，实在过于勉强。可在当时，没有几次血的代价，谁又能说已经由伟大的十月革命验证的俄国式“以城市为中心”的革命模式在中国行不通？秋收起义仅仅是“旗开得胜”，失利的消息便接踵而至：前锋部队几乎溃不成军；就连毛主席亲自指挥的部队也损伤过重。在枪林弹雨中，毛主席不得不率部撤出战斗。在异常严峻的形势下，毛主席却显得出奇的镇静，他冷静地意识到长沙“啃不动”，甚至连醴陵、浏阳这样的县城都很难攻克。他审时度势，果断命令全军停止进军长沙，回兵湘赣边区。

三、广州起义

继南昌、湘赣边界等地起义之后，中国共产党又发动和领导了广州起义。1927年11月，粤、桂军阀之间为争夺地盘爆发战争。张发奎的粤军主力调往肇庆、梧州一带，广州市内兵力空虚。中共广东省委根据中央的指示，成立指挥起义的革命军事委员会。12月11日凌晨，在广东省委书记张太雷和叶挺、黄平（革命军事委员会委员之一，后于1932年12月在天津被捕叛变）、周文雍、叶剑英、杨殷等领导下，国民革命军第四军教导团全部、警卫团一部和广州工人赤卫队七个联队以及市郊部分农民武装，联合举行武装起义。

起义由省委书记张太雷担任军事委员会委员长，叶挺任起义军总指挥，叶剑英任副总指挥。当时，广州城内敌人只有不到四个团的兵力，共约6000至7000人。教导团和新扩编的警卫团一部，基本掌握在我党的手里，广州人民的斗争情绪十分高涨。这种情况，为武装起义创造了大好时机。在广州的苏联、朝鲜、越南的部分革命者也参加了起义。经过几个小时的激战，起义军占领广州的绝大部分市区。随即成立以苏兆征为主席（未到职，由张太雷代理）的广州苏维埃政府，提出“打倒帝国主义”、“打倒军阀”、“镇压地主豪绅”的政治纲领，颁布了工人实行八小时工作制、一切土地归农民等法令。

广州起义后，叶挺于当晚提议迅速将起义部队撤出广州市区，广东省委却没有接受，这使起义军失去了及时避开优势之敌进攻的有利时机。12日，在英、美、日、法等帝国主义的军舰和陆战队以及市内残存之敌的配合下，张发奎调集其回援的三个师的部队从南、西、北三面向广州市区展开猛烈进攻。起义军在敌众我寡、处境极为不利的情况下，与敌人进行了浴血奋战，起义的主要领导人张太雷不幸牺牲，终因敌我力量悬殊，起义军余部1000余人被迫于13日撤离广州。

广州起义失败后，被迫从广州撤出的部分武装力量，在广东花县整编为工农革命军第四师，转入海丰、陆丰地区，坚持革命斗争；少数起义者到达香港，后到广西参加了左、右江起义；还有少数人员撤到粤北韶关地区，加入朱德、陈毅率领的南昌起义保留下来的部队，后来转战来到井冈山。

广州起义是继南昌起义和秋收起义后对国民党反动派叛变革命和实行屠杀政策的又一次英勇反击。起义军利用国民党新军阀混战的有利时机发动起义是成功的，在战斗中也表现了英勇顽强和不怕牺牲的精神。但实践再一次表明，面对国民党新军阀在城市拥有强大武装力量的形势，企图通过城市武装起义或进攻大城市来夺取革命的胜利，是不可能的。在敌我力量悬殊的情况下，仍然企图坚守大城市，结果只能导致惨重的失败。

除了这几次规模较大的起义外，党还先后领导了海陆丰、琼崖、鄂豫边、赣西南、赣东北、湘南、湘鄂西、闽西、陕西等地区的武装起义。规模比较大的有：

海陆丰农民起义：1927年10月，由董朗率领的南昌起义军余部1300余人进入海陆丰，编为工农革命军第二师。10月30日，以彭湃为首的中共东江特委利用当时广东军阀内部矛盾激化之机，在工农革命军第二师的配合下，领导海陆丰农民举行武装起义，占领了海丰、陆丰县城。11月中旬，陆丰、海丰相继召开苏维埃代表大会，成立了县苏维埃政府，并颁布了“没收土地和分田”、“取消苛捐杂税”、“改良工人生活”、“改良士兵生活”等施政纲领，接着开展了土地革命。1928年1月初，叶镛率领的广州起义余部1200余人被编为工农革命军第四师进入海陆丰。4、5月间，在国民党反动派的大规模进攻中，起义失败，余部退入八乡山继续坚持武装斗争。

湘南起义：1928年1月中旬，朱德、陈毅率领南昌起义保存下来的部队，从粤北转到湘南地区，改编为工农革命军第一师。在其支援下，湘南地区的宜章、郴县、资兴、永兴、耒阳、汝城、安仁等县相继开始了大规模的农民武装起义。3月中旬，在郴县建立了湘南苏维埃政府。各县农民武装也迅速建立和发展起来。宜章组成了工农革命军第三师，耒阳组成第四师，郴县组成第七师，永兴、资兴组成独立团。由于湘南特委的盲动主义错误，在湖南、广东敌人重兵夹击下，起义部队于3月底撤离湖南，向井冈山转移。

弋横起义：1927年11月，方志敏领导江西弋阳、横峰一带农民举行武装起义，开展游击战争，进行土地革命，建立了赣东北革命根据地。1930年8月，成立了中国工农红军十军和赣东北工农民主政府。

黄麻起义：1927年11月，共产党人吴光浩、戴克敏、曹学楷等领导湖北黄安（今红安）、麻城两县农民举行武装起义。14日攻占黄安县城，成立了黄安工农民主政府和鄂东工农革命军。起义21天后，在国民党军队的围攻下失败。一部分工农革命军突围后转移到黄陂县的木兰山开展游击战争。1928年4月返回黄麻老区，1929年5月建立了鄂豫边革命根据地。1930年4月，与豫东南革命根据地、皖西革命根据地，统一为鄂豫皖革命根据地。

渭华起义：1928年春，刘志丹、谢子长等在陕西渭南、华县一带率领政治保卫队和中山学校的学生1000多人，配合当地农民举行武装起义，成立工农革命军和工农民主政府，经过一个多月的战斗，在国民党反动派优势兵力的围攻下失败，留下的部队继续在陕甘边境坚持武装斗争。

平江起义：1928年7月22日，共产党人彭德怀、滕代远、黄公略等领导湖南平江的革命士兵和农民举行武装起义，成立了中国工农红军第五军，彭德怀任军长，滕代远任党代表。以后红五军主力于12月11日到达井冈山与红四军会合，其余部分留在湘赣地区坚持游击战争。

百色起义：1929年12月11日，邓小平、张云逸及韦拔群等领导广西右江地区的一部分革命士兵和农民，在百色举行武装起义，成立中国工农红军第七军和右江工农民主政府，邓小平任前敌委员会书记兼第七军政治委员，张云逸任第七军军长，开辟了右江革命根据地。

除上述武装起义外，还有董必武为书记的鄂东南特委组织领导的鄂南农民起义，马尚德（杨靖宇）等人组织领导的确山农民起义，周逸群等人组织领导的湘鄂边武装起义，郭滴人等组织领导的闽西地区农民起义。

到1928年初，党先后发动近百次武装起义，这些起义有两个共同特点：一是从起义目标来看，这些起义都发生在大城市，要夺取城市。比如秋收起义的目标是长沙，广州起义的目标是广州，要建立苏维埃政权。二是从结果来看，这些起义基本上都失败了，即便夺取了城市也占不住，南昌起义仅占领南昌数小时便撤退了，广州起义占领了广州，但仅坚持了三天南下了，其他各地起义夺取城市的目标也几乎都没有实现。各地武装起义实践证明，攻打大城市的路走不通，一些起义部队开始转入农村，开展武装斗争和土地革命，开始从攻打城市到向农村进军的伟大转折。

总结一下，这些武装起义失败的原因是多方面的：

从客观上讲，这一时期革命处于低潮，敌我力量对比悬殊。从主观上讲，党对武装斗争的领导经验不足，党组织发展还处在初级阶段，对中国革命战争的规律还知之甚少。同时，由于受国际共产主义运动的经验城市中心论的影响，主要是1871年法国巴黎公社武装起义和1917年俄国十月社会主义革命的影响，也受中国20世纪早期革命斗争经验的影响如1911年辛亥革命和1926年5月至1927年3月北伐战争的影响，这些武装起义大多是以进攻和占领中心城市为目标。

上述起义失败表明，在革命处于低潮的形势下，革命力量夺取和占领大中城市是不可能的，革命力量要发展，必须开辟新的道路。

为什么大革命失败后，党在这一时期并没有走上农村包围城市、武装夺取政权的革命道路？

其原因，一是由于在马克思主义经典作家的著作中，以及无产阶级的革命实践中，革命的重点总是放在城市。俄国十月革命正是实践“以城市为中心”成功的典型。无产阶级及其政党通过中心城市的武装起义夺取政权，似乎成为共产党人夺取革命胜利的唯一道路。

二是由于刚刚诞生的中国共产党，作为无产阶级的政党，首先在城市发动工人阶级，扩大自己的阶级基础，符合当时的客观实际。

三是以国共合作为基础的统一战线为党在城市进行公开活动提供了比较有利的条件，使得中国共产党可以在城市进行公开的革命活动，以发展壮大自己的力量。

四是由于尚处于幼年时期的党，对于中国的具体国情和中国革命的规律还缺乏深刻的认识，还没有认识到中国革命其实质是农民革命，中国共产党领导的武装斗争实质上是农民战争，也就不可能在这一时期走上农村包围城市、武装夺取政权的革命道路。

第二章　开辟中国革命新道路的历程

在各地武装起义蜂起的时候，中共中央机关仍然留在上海，党的工作重心依旧放在城市。实际上，从外国搬来的“城市中心论”是脱离中国实际情况的。但是年轻的中国共产党并没有意识到这一点。当毛泽东率领的秋收起义部队登上井冈山开辟出农村包围城市、武装夺取政权的革命新道路时，中国共产党也没有意识到这是一条正确的路，直到中国革命即将取得胜利，党的七大在延安召开，确立毛泽东思想为马克思主义中国化理论成果的时候，中国共产党人才意识到这是一条正确的道路。

正如后来邓小平所指出的：马克思、列宁从来没有讲过农村包围城市，这个原理当时在世界上还是没有的。但是，毛泽东根据中国的具体条件指明了革命的具体道路，在军阀割据的时候，在敌人的控制薄弱的地区，领导人民建立革命根据地，用农村包围城市，最后夺取了城市。列宁领导的布尔什维克党是在帝国主义世界的薄弱环节搞革命，我们也是在敌人控制薄弱的地区搞革命，这在原则上是相同的。但我们不是先搞城市，而是先搞农村，用农村包围城市。如果没有实事求是的思想，能提出和解决这样的问题吗？能把中国革命搞成功吗？

第一节　从城市转向农村

如前面所述，从党的成立到大革命时期，党和革命的中心是在城市。对此，毛泽东原本并没有不同看法，所以，不论是担任中共湘区委员会书记兼中国劳动组合书记部湖南分部主任时，还是国共合作后先在上海后去广州的工作中，他主要忙于城市宣传和工人运动的工作。

一、毛泽东热心于农民运动

1925年1月，毛泽东同杨开慧携毛岸英、毛岸青到长沙板仓岳母家过春节，2月，回到韶山一边养病，一边作些社会调查，开展农民运动。不久，上海发生了“五卅”惨案，湖南农民振奋地声援上海罢工、罢课、罢市“三罢”斗争，表现得非常勇敢。借此机会，毛泽东创建了中国共产党第一个农村基层组织——中共韶山支部，毛泽东在韶山播下了一个顽强的革命火种，把韶山地区农民运动的熊熊烈火点燃了起来。这次韶山之行，是毛泽东领导和组织农民革命的第一次实践，他从农民高涨的革命热情中，已感到一场不可抗拒的农民运动正在孕育着摧枯拉朽的革命风暴。韶山之行后，毛泽东把主要精力放在农民运动上。不久便写下了《中国社会各阶级的分析》。在这篇文章中，毛泽东第一次揭示了农民阶级是中国革命队伍中的一支伟大力量，是无产阶级最广大和最忠实的同盟军，充实和发展了中国共产党四大关于无产阶级革命同盟军的决议案。

1926年1月，在国民党二大上，毛泽东参与修订了《农民运动决议案》，并进入了国民党中央农民运动委员会。1926年5月，毛泽东在广州亲自主办第六届农民运动讲习所，他不但带领学生到广东先进地区参观、学习调查研究，而且亲自给学员讲授“中国农民问题”、“农村教育”、“地理”三门课程，并编辑了《农民问题丛刊》。农讲所教员有萧楚女、彭湃、周恩来、阮啸仙、恽代英、赵自选等。他们分别讲授政治、经济、文化和军事等方面的课程。还聘请了社会知名人士郭沫若、何香凝等来所作专题演讲。农讲所学员来自全国20个省区共318名。他们在这里学习革命理论，进行军事训练，还到海丰、曲江等农村考察农民运动。毕业后，学员分赴全国各地进行革命活动，播下了许多革命火种，在中国革命史上写下了重要的篇章。

由此可见，毛泽东已经把农民问题同整个中国革命和中国现代化联系在一起，为后来开创农村包围城市的革命道路奠定了深厚的基础，标志着毛泽东本人从思想到感情开始了从城市工作向农民运动的转变。

1926年，毛泽东被任命为中共中央农民运动委员会书记。毛泽东主持农民运动之时，北伐战争胜利推进，农民运动也如火如荼地进入高潮。但是，农民运动却遭来一片骂声，土豪劣绅和国民党右派大骂它是“痞子运动”、“惰民运动”，“糟得很”，甚至，同年12月13日至18日陈独秀主持召开中共中央特别会议，指责它“过火”，是“左稚病”，并运用手中的权力进行限制和阻挠。于是，中国大地上出现了一股反对农民运动的逆流。

面对如此严重的形势，毛泽东以大无畏的精神，冒着巨大的风险，在会议上反对陈独秀的意见，主张马上解决土地问题来进一步推动农村工作。会后，毛泽东跋山涉水考察了湖南湘潭、湘乡、衡阳、醴陵、长沙五县，写下了震惊天下的《湖南农民运动考察报告》。在文章中，他热情歌颂农村大革命的丰功伟绩，并总结其丰富经验，有力地驳斥对农民运动的种种污蔑。他异常尖锐地指出，在这场农民运动高潮面前，“一切帝国主义、军阀、贪官污吏、土豪劣绅，都将被他们葬入坟墓。一切革命的党派、革命的同志，都将在他们面前受他们的检验而决定弃取”。毛泽东的这篇文章，获得瞿秋白同志的高度赞扬，1927年4月在为长江书店出版的该文单行本而写的序言中，瞿秋白称赞毛泽东为三万万九千万农民说话办事，是“农民运动的王”。共产国际机关刊物《共产国际》也先后于5月27日、6月12日用俄文和英文刊发了该文。获得了共产国际执行委员会主席团委员布哈林的高度称赞。

因此，1927年初，毛泽东无论是行动上还是思想感情上，完成了从城市中心论到全心全意投入农民运动的转变，奠定了他在后来开创“农村包围城市”革命道路的坚实思想基础和伟大起点。

二、“上山”思想由来已久

毛泽东“上山”思想由来已久，可追溯到大革命失败前夕。也可以说是大革命失败后开始萌生，八七会议后得到升华，秋收暴动失利后开始确立。大革命失败后，面对国民党叛变革命，陈独秀束手无策，共产国际虽有“紧急指示”，但既未抓住根本，也无法贯彻执行。毛泽东思想比较清醒。他根据形势，从战略高度出发，多次提出“上山”主张：第一次是“四·一二”反革命政变和“马日事变”后，湖南的革命者跑到武汉向毛泽东请示怎么办，农军出路何在，毛泽东告诉他们说：在山的上山，靠湖的下湖，拿起枪杆子保卫革命。这是毛泽东首次提出“上山”思想。第二次是1927年6月上旬，毛泽东针对汪精卫武汉政权收缴工农武装的情况，在提出工农武装出路问题的三种意见中，很明显倾向于“上山之路”，并提出“在山的上山”。第三次是1927年7月4日，毛泽东在中共中央政治局常委扩大会议上，认为农民武装最好的出路就是“上山”；并论证说“上山可以造成军事势力的基础，纵然失败也不去广东而是上山”。第四次是秋收暴动失败后，直接提出“上山做革命的山大王”。毛泽东思想的发展变化表明，他为中国共产党工作重心的转移提供了一个新思路，为工作重心向农村转移找到了新的出发点。

三、做个红色“山大王”

秋收起义失利后，当时的形势呈骑虎之势，进，按既定方针硬去攻打长沙，已无异于用鸡蛋去砸石头；退，退往哪里？路又在何方？秋收起义是毛主席军事生涯的开端，作为伟大的军事家和战略家，一代伟人初次品尝的战争滋味却是这般苦涩。失败并不可怕，怕只怕失败了还不知其所以然。在退兵的两三天时间里，毛泽东思考着：为什么革命队伍内部的将士会叛变？为什么接二连三地失利？还不是因为我们人少枪少，我们不强大。革命正处于低潮，国民党反动派在力量上占据绝对优势，我们只有先避开强大的敌人，到敌人最少的地方去发展，壮大我们的队伍。这位在八七会议上当选为新的中央临时政治局的候补委员、秋收起义前改组后的湖南省委的常委，此时，已萌生出与八七会议和湖南省委所确立的斗争方针截然不同的行动策略。

1927年9月19日，以前敌委员会书记身份领导秋收起义的毛泽东，果断地把秋收起义剩余部队1500人撤到浏阳文家市。这时，摆在毛泽东面前的严峻问题是：把剩下的人带到哪里去，才能生存下来？

1927年9月20日上午，在文家市里仁学校的一块草坪上，全师举行集会，这是秋收起义后很重要的一次会议。只见他身材魁梧高大，留着长长的头发，上穿刚过膝的蓝布半大褂子，蓝色的粗布裤子，足蹬草鞋，一副江南农民打扮。这时，千万双满怀期望的眼睛，一齐投向毛泽东。他分析了当时的形势指出：不久前中共中央召开了八七会议，纠正了陈独秀的投降主义路线，决定武装夺取政权，实行土地革命。目前我们的力量还不大，在敌强我弱的形势下，不能继续打长沙了，待以后人民武装力量壮大了，我们一定会打长沙的。大革命由于投降主义的领导暂时失败了，帝国主义瓜分中国的局面没有改变，各派军阀之间的混战不会停止。广大工农群众中蕴藏着浑厚的革命积极性，在中国共产党领导下，新的革命高潮必然会到来，革命队伍一定会逐步扩大，革命终究会取得胜利。毛泽东对形势精辟的分析和必胜的神态，深深地感染了广大指战员，像强劲的东风扫去乌云，改变了部队由于连续受挫而产生的沮丧情绪，提高了坚持斗争的信心。

在讨论工农革命军的去向问题上，不少正牌出身的军官依然坚持攻打长沙，并说这是中央的决策。毛泽东认为这是要把已经为数不多的队伍扔到城市的大火坑里。他说服大家放弃继续攻打长沙的计划，带着队伍转向敌人统治力量相对薄弱的农村、山区，寻求落脚点，以保存实力，再图发展。哪里是最适合于部队生存的落脚点？

毛泽东拿着一份从学校借来的地图，指着湘赣边界山形最宽的部分，用生动形象的比喻说：这里像眉毛一样的地方，是罗霄山脉中段，最适合做我们的落脚点，我们要到那里去当“山大王”。一听说当“山大王”，当时就有人站出来反对，有人说，攻打长沙是省委决定了的，现在全军会师了，就应该立即反攻浏阳，直取长沙，不反攻浏阳直取长沙，革命了半天，却退到农村，革到山上做山大王了，这叫什么革命呢？毛泽东耐心地说，这个山大王是红色的“山大王”，而不是过去的“山大王”，是代表人民利益的工农武装，是共产党领导的，有主义、有政策、有办法的山大王。中国政治不统一，经济发展不平衡，矛盾很多，我们要找敌人统治薄弱的地方。毛泽东的话，通俗易懂，包含着极其丰富的、深刻的真理。经过激烈的争论后，大多数人同意毛泽东的主张。

这是一次明智的选择，也是中国革命从攻打大城市转到向农村进军，农村包围城市道路的一个转折点。史称“文家市退兵”。

许多年之后，当共产党已经夺取并掌握了全国的政权，一些当年曾处于这个十字路口的当事人，对毛泽东的这一决策给予了极高的评价。何长工如是说：“从三湾改编到古城会议，解决了军队建设和建立根据地的一些重大问题。创建了第一个农村革命根据地和一支新型的人民军队，点燃起‘工农武装割据’的星星之火。”

有趣的是，毛泽东当时在浏阳文家市里仁学校操场的讲话，还极大地影响了外面趴在墙头的围观者，当时还是小学生的杨勇、胡耀邦，也是趴在墙头看热闹的一员，但是，他们听懂了毛泽东通俗、生动、形象的讲话，并深受影响。几年后，他们都参加了红军，几十年以后，一个成为中国人民解放军上将，一个成为中共中央总书记。

第二节　向井冈山进军

文家市集会仅仅是从组织上把部队收拢起来，许多问题还未来得及解决。向罗霄山脉进军的路上，士兵们跑的跑，散的散。毛泽东跟随部队一起行动，一路上他的身影经常出现在行军队伍中，找干部战士谈心，调查研究，并设法找到当地的同志调查本地和周围地区各方面的情况。面对着重重的困难，他在冷静地观察和思考怎样把这支部队建设好。

一、三湾改编

1927年9月29日，毛泽东率领湘赣边界秋收起义部队到达江西永新县三湾村。三湾村地处湘赣边区的九陇山区，是茶陵、莲花、永新、宁冈四县的交界地，有50多户人家，在山区算是较大的村庄。起义部队到达三湾的时候，减员较大，总指挥卢德铭为掩护部队转移，不幸中弹牺牲。人员不足1000人，这时人的思想相当混乱，部队组织也不健全，连续不断的挫折，部队士气低落，军心涣散，自动离队现象时有发生，有的排出发时三十多人，行军几十里，到目的地时就只剩几个人了。“你走不走？”“你准备上哪儿？”许多军官竟半公开地互相询问。以师长余洒度和三团团长苏先骏为首的一些军官对革命悲观失望，先后以种种借口离开了队伍。他们大多是不辞而别：或者回家，或者投靠敌人，或者当叛徒，或者执迷到中心城市去闹暴动。

面对着部队生死存亡，毛泽东决定要快速找出部队失利的原因，并决心利用在三湾短暂的停留期间，抓紧对部队再次进行整编。

到达三湾的当天晚上，毛泽东主持召开了前敌委员会议，首先分析了第一次革命失败的原因在于共产党没有掌握自己的军队，提出了“党建在连上”重大主张，当时担任师长的余洒度提出各种异议，还有其他人也站出来反对，室内争论非常激烈，毛泽东耐心作解释，最后举出第一次国内革命的叶挺独立团的例子，把党支部建在团上，领导干部绝大多数是共产党员，党掌握了自己的军队的成功经验，来说明“党建在连上”，发挥堡垒作用，在艰苦的战争岁月拖不垮，打不烂，是革命胜利的重要保证。在微弱的油灯下，一直讨论到天亮。

毛泽东说：“同志们！敌人只是在我们后面放冷枪，没什么了不起，大家都是娘生的，敌人有两只脚，我们也有两只脚。贺龙在家乡两把菜刀起家，现在当军长了，我们有近千人还怕什么？大家都起义暴动出来了，1个人可以当敌人10个，10个战士可以当敌人100个，有什么可怕的？没有挫折和失败，革命是不会成功的！”

接着宣布“三湾改编”会议精神，组建一支新型人民军队的三项决定：第一，整编部队，把原来的工农革命军第一军第一师缩编为一个团，下辖两个营十个连，称工农革命军第一军第一师第一团。第二，党组织建立在连上，设立党代表制度，排有党小组，班有党员；营、团以上有党委，从而加强了党的组织力量。部队还成立了党的“前敌委员会”，毛泽东任前敌委员会书记。从此这支部队完全处在党的绝对领导之下，确立了“党指挥枪”的原则。第三，连队建立士兵委员会的民主制度，实行官兵平等，经济公平，破除旧军雇佣关系；并初步酝酿出“三大纪律、六项注意”。

毛泽东继续分析形势。他说：部队在秋收起义后，受到了一定损失。但是，没有挫折和失败就不会有成功，失败是成功之母，只要我们认真地总结经验，革命最终一定会取得胜利的。现在我们还有这样千把人的队伍，只要大家齐心奋斗，还怕革命不能成功吗！针对有些人灰心动摇，毛泽东宣布：干革命靠自觉，执意要走的不勉强，发给五块钱路费欢送；要留的欢迎。这样，人数虽然少了一些，但却精干多了。

经过整顿，这支部队大约剩下700人左右，虽然人数较前有所减少，但犹如大浪淘沙，剩下的基本上是骨干，是精英。这700多人改编成的工农革命军第一师第一团，虽然编制缩小，但队伍充实了，改编前那些来自旧军队的干部，动不动就打人骂人的军阀作风得到了彻底改变。毛泽东在关键时刻又一次稳定和巩固了秋收起义的队伍，同时，也是他改造旧式军队的一次大胆而又成功的尝试，它的作用和影响，在以后人民军队成长壮大的历程中将逐渐显现出来。

1927年10月22日，部队主力（约七八百人）进占大汾镇。当天晚上，毛泽东来到四连亲自做发展党员的工作。他开始向连党代表罗荣桓询问了这批发展对象的大概情况，接着亲自参加并主持了入党仪式。仪式是在四连宿营地一家地主房子的阁楼上举行的，房间里放着几个长条木板凳，上面已经坐了七八个人。他们都面对北墙，北墙上挂着两张长方形的红纸。红纸上方写着三个外文字母：CCP，下方写着两行毛笔字：牺牲个人，服从组织，严守秘密，永不叛党，为中国人民的解放和全人类的共产主义事业奋斗到底！参加入党仪式的有六名新党员，分别来自六个不同的连队。毛泽东在靠近桌子的一张凳子上坐下，同罗荣桓交谈了几句后，就亲自主持入党仪式。他向新党员发问：“你为什么要加入中国共产党？”有人回答是：“为了工农翻身得解放！”其他人的回答也都差不多。毛泽东显得比较满意，他开始对那几句入党誓词进行讲解，并解释了CCP三个英文字母的含义，说那是表示中国共产党。他说：中国共产党的最低纲领是反帝反封建，领导民主革命，现在打土豪分田地就是民主革命的一部分。党的最高纲领是实现没有人剥削人、人压迫人的共产主义社会。中国共产党是中国工人阶级的先锋队，共产党员要起先锋模范作用。毛泽东简短地讲完话，站起来，面对红旗，带领大家宣誓。只见他魁梧的身体和举起的右手，像一座塑像，宣读着誓言：“我誓为共产主义奋斗终身，牺牲个人服从组织，保守党的秘密，永不叛党……”

宣誓过后，会场气氛又活跃起来，新老党员互相鼓励。毛泽东又鼓励大家：从现在起你们都是党员了，今后要团结群众，多做宣传，多做群众工作，共产党员要不怕吃苦，不怕牺牲，艰苦的地方危险的时刻要抢着上，凡事要给普通士兵做出榜样。还要有组织观念和组织纪律……

三湾改编是我党建设新型人民军队最早的一次成功探索和实践，是毛泽东建军思想形成的一个里程碑，标志着毛泽东建设人民军队思想开始形成。三湾改编初步解决了如何把以农民及旧军人为主要成分的革命军队建设成为一支无产阶级新型人民军队的问题，保证了党对军队的绝对领导，奠定了政治建军的基础。但是由于历史条件的限制，改编只是初步奠定新型人民军队的基础。在政治上、思想上、组织上，许多方针政策的全面落实，则是经过较长的一段斗争才解决的。

之后，起义部队开始向罗霄山脉中段、莽莽大山深处的井冈山进军。中国革命的航船终于驶入了属于自己的航道—— 一条以农村包围城市、最终夺取全国胜利的正确道路。从此，这支革命武装在中国共产党和毛泽东的领导下，开始了创建井冈山农村革命根据地的斗争。

二、进军井冈山

井冈山，在中国众多的大山之中，不算出众。可是，在当时的中国，却是具有特殊战略意义的大山。毛泽东选中了井冈山，不能不说是天才的选择！井冈山位于罗霄山脉的中段，山高林密，翠竹长青，山泉淙淙，地势险峻。它处于两省四县的交界处，两省即湖南、江西，四县即遂川、永新、宁冈、酃县。在那“铁路警察各管一段”的年月，交界处最容易求得生存。何况那儿离长沙、武汉、南昌都远，敌人统治力量比较薄弱，还可利用两省敌人既要互相争夺地盘又要各自保存实力的矛盾。这个地区的群众基础比较好，大革命时期湘赣边界各县曾经建立过党的组织和农民协会；原在这里的袁文才、王佐率领的部队虽然大体还属于旧式农民武装的性质，但愿意同工农革命军联合；这里地势险要，易守难攻；有游击战争的回旋余地；周围各县有自给自足的农业经济，便于部队筹款筹粮；在这里建立根据地，既有利于红军的生存和发展，又有利于推动全国革命走向高潮。

井冈山山高林密，沟壑纵横，重峦叠嶂，地势险峻。进不好进，攻不好攻。其中部为崇山峻岭，两侧为低山丘陵，从山下往上望，巍巍井冈就如一座巨大的城堡，五大哨口是进入“城堡”必经的“城关”，把守此地，有“一夫当关，万夫莫开”之势。井冈山四周，那时没有公路，要想调兵遣将前来攻山，辎重难行，只得靠两条腿和轻武器。井冈山的“井”，其实并非水井，而是指天然的泉水。井冈山有“五井”，即大井、中井、小井、上井、下井，乃是山中五口泉水罢了。泉水之处有人家，有“井”也就有村。山上五个小村，就以“井”命名。山上有一条小溪，叫“井江”，于是山得名“井江山”。又因土语中“江”与“岗”音近，所以人称“井岗山”。1954年第一批简化汉字把“岗”简化为“冈”，于是今名“井冈山”。毛泽东此前并未上过井冈山，但是他还是很熟悉湘、赣地区的地形，向井冈山进军时故意走“S”形路线，或者进湖南，或者又回到江西，在两省之间钻来钻去，甩掉了尾追的敌军。

尽管井冈山对毛泽东来说是一个陌生的地方，但“上山”思想由来已久，早在毛泽东写《湖南农民运动考察报告》时，他曾在1927年2月20日至23日来到过湖南衡山县城，访问过当地的妇女会干部张琼。两人聊天时，毛泽东得知张琼有个表兄，遭国民党追捕，无处可逃，逃进了井冈山。那儿山高路远，国民党找不到。她的表兄在井冈山上躲了几个月，知道山上的详细情形，知道山上有“山大王”——土匪盘踞。这个信息对毛泽东来讲太重要了，从此，井冈山印在了他的脑海里。

10月3日，毛泽东率部到达宁冈县古城。宁冈县在井冈山下，再跨一步，就是井冈山。此时，一个棘手的难题摆在毛泽东面前：井冈山上下，有两股土匪，山下宁冈茅坪有袁文才，山上茨平有王佐，是力取还是智取？这两股土匪，不过百把人，几十条枪，倘若用武力解决，轻而易举。

毛泽东表现出他的过人之处，他力主智取文攻。他幼时熟读《水浒传》，同情劫富济贫的绿林好汉。在他看来，这些“山大王”可以拉过来作同盟军。再说，那两股土匪是本地人，消灭了他们，也就埋下仇恨的种子，使工农革命军在井冈山难以立足，毛泽东的统战才能在这时显露出来，不能消灭这两股土匪，要与“落草”的袁文才、王佐结交朋友，改造过来，为工农革命军找一个落脚之地。

毛泽东来到宁冈古城后，了解到袁文才在宁冈曾举行过暴动，担任过“宁冈县农民自卫军总指挥”，还加入过中国共产党。毛泽东高兴极了，想把这伙地方武装拉过来。毛泽东了解到袁文才当时最缺的是枪，毛泽东派人和袁文才联系，送一百零八支给袁文才。袁文才慷慨允诺答应让毛泽东上山。“投之以桃，报之以李”，向来讲究义气的袁文才没有白拿毛泽东的枪，反过来送给了毛泽东部队六百块大洋，还同意加入中国工农革命军。改编完袁文才的部队之后就是改造“山大王”王佐，但要比袁文才难得多。

王佐和袁文才不同，袁文才活跃，不仅加入中国共产党，还参加种种社会活动。王佐不然，蹲在井冈山上守老窝，不轻易下山。毛泽东的部队在山下安营扎寨的消息，飞快地传到山上。王佐头一回听说“中国工农革命军”，不知道这是什么样的军队——这也难怪，“中国工农革命军”打出这旗号，也没多久。

这时的毛泽东不急于上山。他要做通“山大王”王佐的思想工作。毛泽东派袁文才上山告诉王佐，毛泽东的队伍专跟土豪劣绅作对，跟他们的“劫富济贫”是一条路。王佐听说毛泽东给了袁文才一百零八支枪，王佐颇为震惊，因为他在井冈山上那么多年，也只弄到六十来支枪，何况这些枪好多是土枪。他手下的兵，两个人摊不到一支枪。毛泽东既然把那么多的枪给了袁文才，这已清楚地表明，“中国工农革命军”不会“吃”掉他们。

毛泽东和王佐约定在双马石（井冈山五大哨口之一）见面，毛泽东向王佐说明了“中国工农革命军”是老百姓的子弟兵，是土豪劣绅的死对头，共产党是穷苦百姓的救星……经毛泽东这么一番宣传，王佐心中明白了许多。毛泽东说：“我们打土豪，跟你们是一致的，都是要跟土豪作对。你们是我们的战友。你们需要枪，我们给！”毛泽东这句话，正中王佐下怀。

毛泽东非常豪爽给王佐七十支枪，王佐也很讲义气，一下子给了毛泽东部队五百担粮食，使毛泽东部队有了军粮。三天之后——10月27日，在王佐亲自带领下，毛泽东部队进入井冈山的中心茨坪。从此，毛泽东在军阀各霸一方的中国，找到了一块可以安身立命、站稳脚跟的地方，虽说这地方是在大山深处，却使毛泽东部队得以生存、发展、壮大，成为中国革命的摇篮。井冈山革命根据地，点燃了“工农武装割据”的星星之火，开辟了中国革命的成功道路，成为中国革命不断走向胜利的光辉起点。

第三节　井冈山根据地的创建

1927年10月，当毛泽东率部队到达井冈山时，中国南部统治阶级内部发生了破裂。李宗仁部同唐生智部之间在进行军阀混战，当地的军阀部队纷纷北调，湘赣边界空虚。毛泽东抓紧这个有利时机，全力进行边界党、军队和政权的建设。

一、党组织建设

（一）支部建在连上

三湾改编时，一个重要内容便是保证军队要在党的领导之下，实现党对军队的绝对领导，并且确定了“支部建在连上”的原则。但是三湾改编时，由于时间匆匆，许多措施还没来得及落实，部队便开拔了。当部队到酃县水口村后，毛泽东在叶家祠亲自主持了六名新党员入党宣誓仪式。不久，各连的党支部都先后建立起来。支部布置党员要做好三件事：学习目前的形势；了解群众思想状况，帮助他们解除顾虑；培养和发展新党员。支部一建立，连队立刻有了灵魂，政治空气逐渐浓厚起来，党员数量逐渐增多，各项工作也好开展，部队变得十分活跃。

（二）恢复地方党组织

在军队内部建党的同时，毛泽东也抓紧地方党组织的恢复和发展。大革命时期的井冈山附近各县都建立了党的组织，党组织负责人很多是外地回来的学生，也有当地农会的骨干分子。只是大革命失败后这些组织被破坏了，但是少数党员仍在坚持斗争。毛泽东采用军队帮助地方的做法，先是召集在井冈山“打埋伏”的永新、宁冈、莲花县部分党员开座谈会，商讨恢复地方党组织事宜。其次，又在11月上旬，在茅坪召开宁冈、永新、莲花等县原党组织负责人会议。再次，第二年1月攻克遂川后，召开了前委和万安、遂川县委联席会议。在这些会议上，毛泽东分析形势，要求大家在斗争中重建和发展党的组织。他还从军队里抽调一批有政治工作经验的党员干部，到农村基层去开展建党工作。

（三）成立第一个县级工农兵政权

1927年11月18日，工农革命军化装成菜农混进城内，里应外合攻占茶陵县城，成立了茶陵县人民委员会，这个政权有很多问题，比如沿用封建衙门升堂审案，催粮拉夫的办法，不做群众工作，严重脱离群众，得不到群众拥护等等。后来在毛泽东的过问下，改变了旧做法，召开了工农兵代表大会，成立工农兵政府。这是井冈山斗争时期湘赣边界建立的第一个县级工农兵政权，是井冈山革命根据地建立革命政权的伟大尝试，是毛泽东关于中国红色政权建设的一次大胆的实践与探索，为今后武装建政创造了光辉典范。

到1928年2月，湘赣边界各县党组织初步恢复发展起来，成立了宁冈、永新、茶陵、遂川等县委，成立酃县特别区委和莲花特别支部；各县的区、乡两级大都建立起党的组织，开展了发动群众打土豪筹款子的游击暴动；加强了工农革命军队伍，组建了地方武装和各种群众组织；建立了茶陵、遂川、宁冈三个县的红色政权，以宁冈为中心的湘赣边界革命根据地初步形成。

（四）创立游击战争“十六字诀”

井冈山根据地初创时期，敌强我弱，四面白色恐怖。为了战胜强敌，扩大并巩固革命根据地，红军迫切需要制定一套适应对敌作战的战略战术。为此，兼收并蓄的毛泽东注意从过去井冈山绿林武装的游击战术中吸取营养，学习优长，为我所用。在跟当地老乡的交谈中，他得知“不要会打仗，只要会打圈”这句话。意思是要战胜国民党官兵的围剿，不必面对面地与官兵硬拼，只需引着敌人在山上团团转，拖得敌人筋疲力尽，找不着北即可。他认为，“战无常法，要善于根据敌我情况，在消灭敌人保存自己的原则下，抛掉旧的一套，来个战术思想的转变”。“‘打得赢就打，打不赢就走，赚钱就干，蚀本不干’，这就是我们的战术。”他还提出了“敌来我走，敌驻我扰，敌退我追”的“十二字”游击战术原则。朱德、毛泽东红军会师后，毛泽东根据游击战争新的实践经验，把游击战术系统地概括为“敌进我退，敌驻我扰，敌疲我打，敌退我追”的“十六字诀”。从此，“十六字诀”成为红军克敌制胜的法宝，载入了中国革命的光辉史册。

二、军队建设

党组织建设的同时，毛泽东还注重军队建设。如何把一支以农民为主要成分的革命军队建设成为无产阶级性质的、具有严格纪律的、与人民群众亲密联系的新型人民军队，这是一个重大问题。

（一）建立新型官兵关系

三湾改编明确的“支部建在连上”、部队实行军事民主、建立各级士兵委员会等制度到了井冈山时期得到全面实施。毛泽东要求连以上建立士兵委员会，实行集中指导下的民主制度，官兵在政治上平等，官长不准打骂士兵，建立了崭新的官兵关系。士兵委员会的设立奠定了人民军队官兵一致原则的基础，是红军军事民主制度化的具体形式，也是区别红军与白军的重要标志，在井冈山极为艰苦的斗争环境中发挥了重要的凝聚军心作用。

（二）加强纪律约束

针对行军时有战士随便挖农民红薯吃的现象，毛泽东向部队首次宣布了“三项纪律”，其中有一条就是“不拿农民一个红薯”。毛泽东总结部队从事群众工作的经验，规定了三大纪律、六项注意。三大纪律是：（1）行动听指挥；（2）不拿工人农民一点东西；（3）打土豪要归公。六项注意是：（1）上门板；（2）捆铺草；（3）说话和气；（4）买卖公平；（5）借东西要还；（6）损坏东西要赔。以后，六项注意又增加洗澡避女人和不搜俘虏腰包，发展成八项注意。这些规定体现了人民军队的本质。由于严格执行这些规定，工农革命军建立起同当地民众的密切关系，取得民众的信任和支持。

（三）规定了革命军队的三大任务

第一，打仗消灭敌人；第二，打土豪筹款子；第三，做群众工作。这是毛泽东鉴于革命军一部打下茶陵一个多月，仍然打不开局面，群众很不满意总结出来的经验。“三大任务”的确立，说明工农红军是一个执行革命政治任务的武装集团，不同于其他旧式军队或雇佣军队，为部队的政治工作和军事斗争指明了方向。自古以来，人们所知道的军队的任务就是打仗。但毛泽东提出了军队的任务不仅要打仗，而且要做群众工作、筹措给养。这为红军的生存、发展和壮大创造了一套新经验，也是毛泽东对建设新型人民军队的巨大贡献。

不久，朱德、陈毅率领的南昌起义军余部，在发动湘南起义后，带领一万多人向井冈山转移。1928年4月下旬，朱德和毛泽东两军会师，合编为中国工农革命军第四军（不久改名为工农红军第四军，亦称“朱毛红军”），毛泽东任党代表和军委书记，朱德任军长。下辖三个师八个团，兵数达5000余人。

这次会师不仅是中国工农红军发展史上的一件大事，而且也是中国共产党发展史上的一件大事。它不仅大大增强了井冈山的武装力量和有力地推进了井冈山革命根据地的斗争，而且对推动红军队伍的建设和中国革命战争的发展，“对以后建立和扩大农村革命根据地，坚持农村包围城市的革命道路，推动全国革命事业的发展”都具有十分重大的意义。井冈山革命根据地的开辟和红四军的建立，标志着中国革命已经在实际上开始走上“农村包围城市”的革命发展道路。

井冈山等农村革命根据地的建立，初步实现了中国革命战略重心从城市到农村的转移，使得在大革命失败后遭受严重损失的革命力量得以保存下来。这一转变虽然是在进攻中心城市受挫之后不得已而采取的应变措施，是从反动统治的中心城市的退却，然而，它却使中国共产党领导的革命武装同占中国人口绝大多数的农民紧密结合起来，揭开了中国共产党人向反动统治的薄弱环节——农村展开新的进攻的序幕，为探索和开辟中国革命新的发展道路奠定了基础。

三、经济建设

（一）进行土地革命

井冈山根据地所在地是交通阻塞的农业区域，绝大多数居民是农民。农民们最关心的就是土地问题。湘赣边界的土地状况，大体说来60％以上在少数地主手里，只有不到40％在农民手里。无地或少地的农民为了生存，只得租种地主的土地。他们把全年收获量的一半以上作为地租缴给地主，还要无偿地为地主服各种劳役，并受商人和高利贷者的剥削。这种土地制度是中国封建制度的根基所在。获得土地，是中国封建社会贫苦农民世世代代的梦想。中国革命的军事斗争要想取得胜利就得进行土地革命。

在中国的民主革命中，没有武装斗争的胜利和坚持，谈不上进行有效的土地革命；而没有土地革命，没有广大农民的全力支持，武装斗争也会归于失败。在井冈山根据地建立的初始阶段，主要是发动群众打倒土豪劣绅，因为打土豪既可以扫除革命的障碍，又可以鼓动农民起来革命。但土豪的存粮和资财也是有一个积累的周期，不能今天打完，隔两三天再来一遍。毛泽东很快认识到打土豪不是解决问题的根本办法，解决问题的关键还是要争取广大农民的支持，而要取得农民的支持就要用事实证明共产党是他们利益的代表。那么又如何代表呢？当然是解决农民最关心的问题，而农民最关心什么呢？是土地问题。毛泽东就抓住了这个核心问题，领导了边界各县轰轰烈烈的分田高潮。分地也是个很复杂的事，丈量土地、统计人口、协调分配，都需要有人牵头，都需要组织来领导，这样在广大农民热烈拥护下，宁冈等县的基层党组织逐步恢复了起来，并且相应建立了工农苏维埃政权。分了地后农民最怕再次失去土地，这就需要红军的武装保护，由此支前拥军成为了农民的自觉行动，红军的基本生存问题也就迎刃而解。从1928年5月至7月，在边界各县掀起了全面分田的高潮。

（二）颁布《井冈山土地法》

具体步骤和主要做法是：边界各级政府均成立土地委员会加强领导，抽调红军干部指导分田，以乡为单位进行分配，按人口平均分配，实行以原耕为基础、好坏搭配的原则。土地革命的实施，动摇了封建统治基础，解放了农村生产力，激发了广大贫苦农民的革命热情，加速了根据地的建设与发展。1928年12月颁布的《井冈山土地法》，创造性地总结了井冈山土地革命的经验，是我们党在土地革命战争时期的第一部比较完备的土地法，是中国共产党领导农民在几个县的范围内实行土地改革的第一次尝试，有着重大的意义。它不仅直接指导了井冈山革命根据地的土地斗争，也为党的土地革命路线和政策的形成做出了原创性贡献。

但这个土地法还存在一些缺陷：一是没收一切土地而不是只没收地主的土地，容易侵犯中农的利益；二是土地所有权属于政府而不属于农民，农民只有使用权，禁止土地买卖。尽管土地法有缺陷，广大贫苦农民因为分得了土地，革命和生产积极性都大大提高起来了，他们非常高兴，从各方面全力支持红军和根据地的发展。

（三）掀起农村社会的大变动

毛泽东领导井冈山地区的土地革命，带来了一场轰轰烈烈的农村社会大变动。它推翻了几千年来的封建土地所有制。广大贫苦农民分得了祖祖辈辈梦寐以求的土地，从这个活生生的事实中，看清了红军确实是为他们的利益奋斗的，就从各方面全力支持红军和根据地发展。这是井冈山革命根据地存在和发展的社会基础。

此外，边界政府采取了铸造货币、稳定金融市场，保护中小商人、开辟集贸市场，鼓励并指导工农业生产等一系列具体措施，促进了根据地农业、工业、邮政业、商业、财政金融的发展，为根据地的发展和巩固提供了必要的经济支撑。

在全国处于革命低潮的时刻，井冈山革命根据地在建立革命武装、深入土地革命、加强政权建设等方面取得的显著成绩，不仅为中国共产党领导的各地武装起义树立了榜样，提供了比较完整的经验，而且在广大革命者中燃起了新的希望。

可是，井冈山这个地区作为革命根据地也有它的弱点：第一，井冈山山区虽然地势险要，易守难攻，但“人口不满两千，产谷不满万担”。随着红军陆陆续续到达井冈山，伴随着人数激增，加上国民党军队对这个地区的反复“进剿”和严密封锁，经济上的困难可想而知，连军民的日常衣食用品都难以保持必要的供应，很多指战员不满的情绪日嚣尘上。第二，井冈山位于湘江和赣江之间的狭长地区，两边是两条大江包围着，向南和向北都不易发展，军事上缺乏足够的回旋余地。这两个弱点，在初期并不明显，但随着红军力量的逐渐扩大，井冈山地势的缺陷便逐渐清晰地暴露出来。

第三章　农村包围城市道路理论的形成

第一节　农村包围城市道路理论的提出

中国共产党在领导红军战争和根据地建设的过程中，通过艰难的探索，到1930年的上半年，逐步地探索出1927年大革命失败以后中国革命的道路问题。

中国革命的新道路，是在党和人民的集体奋斗中开辟出来的。在这个过程中，毛泽东做出了最卓越的贡献。他不仅在实践上首先把武装斗争的立足点放在农村，领导开创井冈山根据地，创造性地解决了为坚持和发展农村根据地所必须解决的一系列根本问题，而且从理论上对中国革命的道路问题作了初步的说明。

一、革命新路在教条主义束缚中破茧而出

党探索革命新路遇到了许多困难，主要有两点：一是难在没有经验，二是难在共产国际城市中心论的束缚。可以说，教条主义是前进道路上的主要障碍。

八七会议以后，党内“左”倾错误占据统治地位，毛泽东受党中央委托，领导了湘赣边界秋收起义。随后，他根据当时敌强我弱、各路起义军先后严重受挫的形势，否定了一部分人坚持“取浏阳直攻长沙”的主张，率领工农革命军向敌人统治力量薄弱的罗霄山脉中段进军，在井冈山开辟了“工农武装割据”、农村包围城市的革命道路。

但是，毛泽东的做法却不被当时的中央领导认可，却认为他是犯了“军事投机”的错误，要严厉惩办。1927年11月，临时中央政治局扩大会议通过了共产国际代表罗明那茨提出的《政治纪律决议案》，撤销了毛泽东担任的湖南省委委员和中央临时政治局候补委员职务。后来这个消息被交通员带到井冈山时却错传为“开除党籍”，当然，这个性质非常严重的错传很快就纠正过来了。毛泽东得知自己受到“处分”后，表示服从组织决定。

随着各地工农武装割据蓬勃发展，中央对割据农村和夺取城市的关系的认识也有了进展，提出在省一级的局部地区由割据农村，进而包围夺取城市。1928年6月4日，中央在《致朱德、毛泽东并红四军前委信》中，提出要吸取广州暴动的教训，“在全省总暴动之先，必须要有几个重要的中心区域的割据，而向全省的中心区域作包围的发展，如此全省总暴动才有胜利的可能。全省政治中心的暴动……一定是全省暴动的完成而不是全省暴动的开始”。这个思想已经非常接近农村包围城市道路了，但这种正确探索在六大以后停滞了。

二、中共六大召开

1928年6月18日至7月11日，在共产国际的帮助下，中国共产党在莫斯科召开了第六次全国代表大会。全会通过了关于政治、土地、农民、职工、苏维埃政权组织等问题决议案。通过了经过修改的《中国共产党党章》。六大作出了努力扩大农村革命根据地，建立苏维埃政权，发展红军，实行土地革命的决定。六大以后，农村革命根据地有了很大的发展。

中共六大是党的历史上唯一一次在国外召开的全国党代会。为什么在国外召开？一是因为国内白色恐怖严重，很难在国内找到一个安全的地方将各地的代表集中起来开会；二是在莫斯科可以直接接受共产国际的领导，苏联和共产国际也确实想要直接指导一下中国革命。会议虽然暂时肯定农村根据地的必要性，但仍坚持城市工人中坚论，并批评了农村根据地的不少具体做法。并认为毛泽东建立巩固根据地的思想，与共产国际“走州过府”式的“流动游击”思想是相违背的，这引起了红四军内部少数人对他的质疑。由于边界各县的党几乎全是农民成分的党，重军事轻政治、反对党管一切、主张流动游击等错误思想非常严重，特别是上海的中央机关作出让根据地的领导人撤出根据地，分散游击的“二月来信”到达军中之后，由于不同意见分歧，毛泽东失去了前委书记的职务。

很快红四军内部的指战员们发现没有毛泽东的领导，军队失去了主心骨和战斗力，军队上下都要求恢复毛泽东的领导。1929年12月28日，红四军九大召开，即著名的古田会议。毛泽东在会上重新当选为前委书记，并起草长达3万字的《中共红四军第九次代表大会决议案》。会议着重解决了两个问题：一是在中国的特殊国情下怎样建设党的问题，毛泽东提出要着重从思想上建设，同时从组织上建设，通过用无产阶级思想克服非无产阶级思想，使农民小资产阶级出身的党员无产阶级化。二是如何建军，毛泽东强调党对红军的绝对领导，并规定了正确处理军内外关系的一些基本原则。这两个关键问题的解决，使得走农村包围城市道路夺取政权，有了可靠的保证。

毛泽东的军事、政治能力也开始引起共产国际的关注。从1929年至1936年，苏共中央机关报《真理报》在各种文章中，有60处关于毛泽东的报道；苏联报章对毛泽东的游击战争经验十分注意，多次报道毛泽东与朱德的红四军取得的战绩，措辞热情洋溢。1930年3月20日，由于信息失误，共产国际在其官方公报《国际新闻通讯》英文版第14期上误发讣告，沉痛宣告“中国共产党的奠基者、中国游击队的创立者和中国红军的缔造者之一的毛泽东同志，因长期患肺结核而在福建前线逝世”。听到这个消息，蒋介石一度非常高兴，但很快便知是假消息。尽管消息错误，但说明毛泽东在共产国际的心目中的地位确实超越了很多中共中央高级领导人。

此时，毛泽东开始思考更大的问题，那就是中国革命的出路到底路在何方。他这时看到不仅是他领导的革命根据地的斗争取得了成功，闽浙赣根据地、鄂豫皖根据地、湘鄂西根据地、左右江根据地和东江根据地等大小十几块革命根据地也在蓬蓬勃勃地发展，这使他感觉到以根据地为依托开展土地革命和武装斗争已经不再是一个战术的权宜之计了，而是一个带有战略性的全局问题，即道路问题。

三、“工农武装割据”思想首次提出

就在毛泽东探索农村包围城市道路的同时，以城市为中心的思想仍在发展并不断左右着党的指导思想。由于受共产国际和我们党内存在的把马克思主义教条化、把共产国际决议和苏联经验神圣化的错误倾向的影响，党内“左”倾教条主义者仍顽固坚持“城市中心论”并得到共产国际的支持。

对于毛泽东在农村开创革命根据地的问题，共产国际从一开始就采取了否定的态度，1928年2月，共产国际执委会第九次扩大会议，通过了《关于中国问题的决议》，指出中国共产党“在领导个别省份自发的农民游击队行动时，应当看到，只有这些行动同各无产阶级中心的革命新高潮结合起来，才能成为全民起义的胜利起点”。对于党在农村实行工农武装割据，吸收大量农民和小资产阶级分子加入红军，共产国际认为，“大部分党员不是工人阶级成分，而是农民。……是十分不正常的”。受共产国际的影响，我们党的一些领导人也认为，“党的组织成分是农民占百分之八十以上！这是我党的绝大危机”！共产国际这种脱离中国实际，教条主义地对待中国革命的态度，在一定程度上阻碍了中国共产党从中国实际出发、对适合中国特点的革命道路的探索。大革命失败后，党仍然坚持以城市工作为中心，表明党对中国国情和中国革命的特点仍缺乏正确的认识。

不仅如此，甚至当时党内一些人也质疑，在偏僻的山村，物力财力缺乏、革命势力弱小的情况下，红旗能打多久？针对这些批评和疑问，1928年10月，毛泽东主持召开的湘赣边界第二次代表大会，通过了毛泽东起草的决议案。这个决议案的第一部分“政治问题和边界党的任务”，即毛泽东《中国的红色政权为什么能够存在》一文。

毛泽东在文中指明了中国革命的性质、任务以及中国红色政权的实质，总结了井冈山根据地区及其他地区建立小块红色政权的经验教训，首次提出“工农武装割据”的重要思想，分析了中国红色政权能够发生、存在的原因和条件，并且对于中国农村区域小块红色政权能够存在和发展的原因进行了论证，他认为各地农村革命根据地的斗争实践回应了农村根据地可以不依靠城市而独立存在和发展，这一论断给当时从事农村斗争的同志以重要的理论武装，增强了建设农村根据地的信心和决心。

不过，由于受共产国际的影响和宣传，党和红军内部仍有不少人认为农村根据地的意义只限于配合中心城市的武装暴动。毛泽东当时也没有形成全党应把工作中心放在农村的思想，也认为要以城市工作为中心，并且是抱着影响和配合城市工作的目的而主张在湘赣边界创造根据地的。

尽管是这样，毛泽东的“工农武装割据”思想的确立，至少为党的工作重心的转移开辟了一个新的领域，为在农村建立革命根据地、建立红色政权奠定了理论基础。

第二节　农村包围城市道路理论在实践中进一步发展

一、中央革命根据地建立

为了进一步扩大根据地建设，1929年1月，毛泽东、朱德、陈毅率红四军主力3600多人离开了井冈山向赣南、闽西进军，开创了“工农武装割据”的新局面。3月20日，毛泽东在汀州主持召开红四军前委扩大会议，决定以赣南闽西20余县为割据区域，并使之与湘赣边界的割据相连接。

1930年3月，赣西南和闽西分别成立了苏维埃政府。8月，毛泽东、朱德领导的红一军团与彭德怀、滕代远领导的红三军团在永和会师，合编为红一方面军，全军人数达4万人。10月，红军攻占了赣西重镇吉安，清除了赣南与赣西之间的白色梗阻，形成了稳固的赣西南赤色区域，为中央革命根据地的建立奠定了基业。同年9月党的六届三中全会后，中央决定“苏维埃中心区，中央临时政府建立在此区”。

1930年底至1931年9月，红一方面军连续粉碎了国民党军队的三次“围剿”，使赣西南和闽西革命根据地连成一片。苏区范围最大时包括江西的瑞金、会昌、寻乌、安远、信丰、于都、兴国、宁都、广昌、石城、黎川和福建的建宁、泰宁、宁化、清流、归化、龙岩、长汀、连城、上杭、永定等21个县城。1931年11月，中华苏维埃第一次全国代表大会在瑞金召开，成立了中华苏维埃共和国临时中央政府，毛泽东任主席，同时组成中华苏维埃共和国中央革命军事委员会，朱德任主席，正式宣告了以瑞金为中心的中央革命根据地的形成。

中央革命根据地在推动各根据地、各部分红军共同开辟中国特色革命道路方面发挥了特殊的作用。中央革命根据地鼎盛时期地跨江西、福建、广东三省的广大地区，建立起五个省级和一大批县级苏维埃政权，总面积达到8.4万平方公里，总人口为453万。中央革命根据地不仅面积最大、人口最多，而且是中共中央、苏区中央局、苏维埃中央政府、中央革命军事委员会等党、政、军、群首脑机关所在地。红都瑞金为中华苏维埃共和国的首都，是全国革命根据地和红军的领导指挥中枢。中央革命根据地的建设和发展，还为其他革命根据地的建设和发展起到了很好的示范导向作用。

中央革命根据地的创建是农村包围城市革命道路的伟大实践。中国共产党人在中央革命根据地建立过程中不仅取得了前四次反“围剿”斗争的胜利，开展了轰轰烈烈的土地革命运动，进行了卓有成效的经济文化社会建设，建立了中华苏维埃共和国中央政府以及江西、福建、闽赣、粤赣、赣南等五个省级苏维埃政权。同时，我们党还加深了对中国革命规律的认识，真正实现了工作中心从城市到农村的转移，真正改变了进攻大城市、期望一举成功的军事路线，真正找到了进行人民战争的切实办法。

二、各地根据地建设蓬勃发展

中央革命根据地开辟之后，接连打破了江西国民党军的多次“进剿”。在毛泽东的影响下，一批领导武装斗争的共产党人相继从城市走向农村，建立农村革命根据地。

正如毛泽东所说的那样，“星星之火，可以燎原”。在大革命失败之后，中国共产党在全国各地领导发动了许多起义，凡是在起义之后，能够及时把起义力量转向敌人统治力量薄弱的农村，发动群众，实行土地革命，建立根据地，开展武装斗争，即实行“朱德毛泽东式、方志敏式”的一套办法的，一般都能把革命力量保存下来并有所发展。经过三年的艰苦奋斗，到了1930年夏，比较巩固的革命根据地主要有：

湘鄂赣革命根据地。1928年7月，彭德怀等领导的平江起义，为湘鄂赣红军的建立和游击战争的开展打下了基础。10月，彭德怀率红五军两个纵队上井冈山与红四军会合。余下的部队就地开展游击战争，并开辟新的苏区。1929年8月底，彭德怀率部返回湘鄂赣苏区，与湘鄂赣边境支队会合。经过艰苦复杂的斗争，到1930年至1931年间，湘鄂赣根据地已发展到湘东北的平江、浏阳，赣西北的修水、铜鼓、万载，鄂东南的大冶、阳新、通山、通城、崇阳等地十几个县。1931年10月，湘赣省苏维埃政府成立，袁德生任主席。

赣东北革命根据地。这块根据地的发展，经过了几个阶段：由弋横而信江，由信江而赣东北，由赣东北而闽浙赣。1927年底，方志敏等在弋阳、横峰发动武装起义，在磨盘山一带开展游击战争。随后，在临近各县发动起义，建立苏维埃政权，使根据地不断扩大。1929年10月，成立信江苏维埃政府。1930年8月，赣东北工农兵代表大会决定将信江苏维埃政府改为赣东北革命委员会，方志敏任主席。这时，根据地拥有弋阳、横峰、上饶、德兴、乐平、万年、贵溪、余江、铅山、广丰、波阳、浮梁（景德镇）等十几个县，人口四十余万。1932年底，中央工农民主政府决定将赣东北省改为闽浙赣省。

湘鄂西革命根据地。南昌起义失败后，贺龙、周逸群根据党的指示，于1928年初回到洪湖、湘鄂西地区，深入发动群众，开展武装斗争。后来，根据形势，周逸群带领部分武装到洪湖地区领导群众斗争，贺龙在湘西桑植地区坚持游击战争。到1930年7月，洪湖根据地和湘鄂边根据地逐步发展为湘鄂西革命根据地。它包括湘鄂边、洪湖、襄（阳）枣（阳）宜（城）、巴（东）兴（山）（秭）归四地区。红军万余人。1930年9月，成立了湘鄂西苏维埃政府。

鄂豫皖革命根据地。1927年11月，鄂豫皖边区党组织领导人民举行了黄麻起义，成为鄂豫皖边区武装斗争的先声。1929年5月举行了商南起义，11月至12月中旬举行了六霍起义。这几次起义，分别创立了红军，创建了鄂豫边、豫东南、皖西三块革命根据地，走上了工农武装割据的道路。1930年6月，鄂豫皖边区召开了第一次工农兵代表大会，正式成立了鄂豫皖边区苏维埃政府，标志着鄂豫皖革命根据地的正式形成。这时，它拥有黄安、麻城等15个县苏维埃政权和游击根据地。

右江革命根据地。1929年12月，邓小平等领导百色起义，成立了红七军和右江苏维埃政府。1930年2月，邓小平等领导了龙州起义，成立了红八军和左江革命委员会。至此，左右江革命根据地初步形成。1930年3月下旬，在优势敌人进攻下，左江革命根据地丧失，红八军余部转移至右江，合力经营右江革命根据地。这时，右江革命根据地拥有百色、东兰、凤山等十县苏维埃政权。

在上述革命根据地中，赣西南革命根据地是当时区域大、人口多，在全国影响最大的根据地。此外，在广东东江、琼崖、江苏苏中、浙江南部、四川东部、陕西省等地活动的党组织也建立了红军和若干小块根据地或游击区。总的来说，在根据地内，一般都建立了中国共产党的组织和苏维埃政权，组建了工农武装，开展了土地革命，广大贫苦农民分到了土地，同时进行了经济、文化建设，群众生活得到了改善。根据地人民为了保卫自己的政权和胜利果实，在人力、物力、财力上大力支援红军。根据地的巩固和扩大，为红军作战提供了深厚的群众基础和广阔的回旋余地。各革命根据地的做法，一般是从实际出发，在斗争中不断探索、总结经验而创造出来的；有的也借鉴了井冈山革命根据地的经验。但是，各革命根据地的实践都从不同方面为探索中国革命的新道路做出了贡献。

到1930年，共产党建立的革命根据地已发展到十几块，分布在全国十余省，三百多个县，全国红军发展到十几个军，七万余人。“工农武装割据”的星星之火，已初步呈现燎原之势。“工农武装割据”思想的提出及其在中国农村的实践表明，中国革命道路理论在实践中有了进一步的发展。

第三节　农村包围城市道路理论的形成

一、“红旗到底打得多久”的疑问

毛泽东率领秋收起义部队，进军井冈山，经过一年艰苦卓绝的斗争，创建了以宁冈为中心的湘赣边界工农武装割据，用毛泽东的话描述，“割据地区一天一天扩大，土地革命一天一天深入，民众政权的组织一天一天推广，红军和赤卫队一天一天壮大”，影响也越来越广。这就首先在实践上解决了在大革命失败后，如何继续革命、如何开展武装斗争的问题。但是，必须看到，建立工农武装割据，是没有经验可循的开创性事业，认识不尽一致。在其发展过程中，也不是一帆风顺的。有胜利，也有挫折。在困难和危急的时候，有些同志往往怀疑这样的红色政权能否存在下去，提出“红旗到底打得多久”的疑问，因而发生悲观的情绪。产生疑问的原因有：

（一）对根据地斗争的困难缺少思想准备

当毛泽东把秋收起义失利后剩下来的队伍带上井冈山

时，就有人在问这红旗能打下去吗，一来是因为工作重心由城市转向农村，也开始了中国革命的第一次历史性的飞跃。二来是由于这种转变来得太突然，太出人意料，致使革命队伍中的不少人没有这种思想准备；加上失败的情绪笼罩着这支队伍；原本他们是热衷城市斗争的，突然转到农村，尤其来到了艰苦的山区，就觉得很不习惯，很不自在。于是他们悲观了，没有信心了。

早在进军井冈山的途中，就有人开始打着自己的算盘了：是走，是躲，还是逃、溜？躲的、逃的、溜的，不仅有普通的士兵，还有那些高级指挥官。在永新的三湾，有些连、排干部有不辞而别的，有去向不明的；有擅自离队的，还有当叛徒的。

（二）井冈山生活异常艰苦

当红四军主力从湘南回师井冈山后，占遂川，克宁冈，攻永新，取得了三战三捷的军事胜利，收复了失地，湘赣敌军不甘失败，调集各县反动民团，对井冈山实行严密的经济封锁。

食盐、布匹、药材等是最紧张的日用必需品，食盐是人们生活的必需品，因敌人的封锁，非常缺乏。到1928年10月宁冈、永新两县的食盐几乎断绝。为了解决食盐的困难，井冈山军民把老墙土刮下来泡在水里，然后再熬成硝盐，这种硝盐又苦又涩，很难食用。

红军们的生活也十分的艰苦，他们吃的是红米饭、南瓜汤。红军战士爱唱：红米饭，南瓜汤，秋茄子，味真香，餐餐吃得精打光。能吃上红米饭算是好的，没有红米饭，南瓜成为主食，到南瓜也供应不足时，还要掺着野菜吃，没有油又没有盐的南瓜野菜汤是很难下咽的。甚至连毛泽东酷爱吃的辣椒都能成为奢侈品。

部队要吃饭、储粮，就得下山挑粮。红军战士在井冈山斗争的那些日子里，挑谷上山，成为部队的一项经常工作。从井冈山到山下的宁冈茅坪，上下足有五六十里，山高路陡，尤其是黄洋界一段，空手爬山都是一件困难的事，再挑个百十来斤的粮食上山更是难上加难。但在当时，毛泽东和朱德与其他战士一样下山挑粮。朱德当时已经四十多岁了，红军战士心疼他，不让他去挑粮，把他的扁担藏起来，朱德便在扁担上写上："朱德的扁担，不许乱拿。"

在井冈山时期，红军没有统一的军服，因为搞不到布匹，红军大都是身上的一套衣服。脏了，要洗一洗都没有替换的。有的战士在睡觉前把衣服脱下来，洗干净晾到风口处，等第二天干了再穿上。到了冬天，大雪封山，北风呼啸，山上的温度比山下低得多，大部分红军没有御寒的冬衣，只能穿着单衣过冬。

在这种极度困苦的日子里，一些经不起考验的人，成天牢骚满腹，叫着："打倒资本家，天天吃南瓜。"一些人又再提"红旗到底打得多久"的疑问，这种悲观的论调，又一次干扰着井冈山的斗争。

（三）国民党军队的进攻

1929年初，为了粉碎国民党新军阀对井冈山根据地的第三次"围剿"，前委决定采取"围魏救赵"的策略：除彭德怀率少数兵力留守井冈山外，主力由朱德、毛泽东率领离开井冈山，然后寻机向敌人后方迂回，以便逼敌后撤，从而达到保卫井冈山根据地的目的。但是，由于敌人力量过于强大，在包围井冈山的同时又动用很大力量对朱、毛率领的主力进行追击，以致"围魏救赵"之策无法实施，而且造成红军在两个月左右的时间里接连打败仗，不得不在奔走于赣粤边界之后又进闽西，再折回江西。井冈山根据地丢失了。与此同时，红军内部的分歧和争论日趋激烈，"红旗到底打得多久”的疑问再度泛起。

“红旗到底打得多久”的疑问，是一种典型的悲观情绪，虽然当时在根据地内不是主流，但它却成为发展根据地的一个极大的障碍。它的直接危害是：动摇军心，瓦解斗志，制造混乱，腐蚀红军指战员的革命意志，模糊人民对革命必胜的认识，在革命队伍中起着极大的离心作用。

此时的毛泽东在闽西地方工作，毛泽东认为，离开井冈山后，不但积累了丰富的经验，而且使我们走向了更广阔的舞台：赣南有良好的活动空间、群众基础和较好的经济条件；闽西则有良好的地势和利用敌人内部矛盾的更多机遇。因此，应当也完全可以创建起一个更大的根据地。面对内部的状况，毛泽东认为必须使党的思想和理论工作进入更高层次，所以从1929年底，毛泽东先后写了一系列文章，对党的建设、军队建设和农村包围城市的革命道路等方面内容，都进行了新的阐述。

二、《星星之火，可以燎原》是这一理论基本形成的标志

为了澄清认识，端正思想，毛泽东于1930年1月撰写了

《星星之火，可以燎原》。在这篇文章中，毛泽东进一步分析了中国的特殊国情和当时的革命形势，充分肯定了坚持“工农武装割据”的正确路线，深刻地阐明了农村武装斗争和农村革命根据地在中国革命中的重要地位。这篇文章虽然表面上是针对根据地的某些人的错误观念，但实际上是对中国教条主义的一种鞭挞，它标志着农村包围城市革命道路理论的基本形成。

（一）写作原因

《星星之火，可以燎原》，原题为《时局估量和红军行动问题》，是1930年1月5日毛泽东写给当时红四军第一纵队司令员林彪的回信，意在帮助林彪转变对中国革命的悲观思想认识，指出中国革命走农村包围城市道路的可能性。1930年新年刚过，在刚刚结束的古田会议上重新当选为红四军前委书记的毛泽东收到一封信，信中过高地估计了敌人的军事力量，对时局和革命前途流露出一股悲观情绪，认为中国革命高潮未必很快到来，因此，应采用比较轻便的流动游击方式去扩大红军的政治影响。写信人是红四军一纵队司令员、前委委员林彪。

（二）“二月来信”

当时，林彪产生悲观情绪并不是偶然的。1929年4月，红四军主要负责人毛泽东、朱德收到了中共中央2月9日发出的《中央给润之、玉阶两同志并转湘赣边特委信》，即“二月来信”。此信是根据共产国际总书记布哈林的指示起草的。当时，布哈林对中国农村革命形势估计过低，甚至怀疑红军在农村发展的可能性。“二月来信”要求朱德、毛泽东将队伍分散，每支数十人、数百人，最多不超过500人，还要朱德、毛泽东离开队伍回到中央，以便“隐匿大的目标”。红四军前委对“二月来信”进行讨论后，决定不予执行。但这封信还在红四军官兵中产生了一定的消极影响。

看了林彪的这封来信后，毛泽东感到林彪提出的“红旗到底打得多久”的疑问并不单单是他一个人的观点，而是具有一定的代表性。它反映出在反革命力量不断对红色区域进行“围剿”、中国革命正处于低潮的时期，右倾悲观情绪和思想在党和红军中仍有一定的影响，说明这些同志没有看到中国革命的希望，却被当前的困难所吓倒，因此，“这是一个最根本的问题，不答复中国革命根据地和中国红军能否存在和发展的问题，我们就不能前进一步”。

（三）教育全军，澄清认识

为了帮助林彪转变错误认识，并以此教育全军，经过深思熟虑，1930年1月5日，毛泽东在古田赖家坊的“协成店”驻地，给林彪写了一封题名为《时局估量和红军行动问题》的长篇复信。在信中，毛泽东除对那些右倾悲观思想作了分析批评外，更多的是深刻阐发了他的关于中国革命要“以乡村为中心，以农村根据地促进全国革命高潮”的思想。在信的最后，毛泽东以诗一般的语言和激情描绘了一幅令人鼓舞的前景，目的是要勉励林彪及其他一些红军指战员振作精神，克服悲观心理，激起他们对于在农村创造大片红色割据局面的热情，迎接革命高潮的到来。毛泽东这样写道：“我所说的中国革命高潮快要到来，绝不是如有些人所谓‘有到来之可能’那样完全没有行动意义的、可望而不可即的一种空的东西。它是站在海岸遥望海中已经看得见桅杆尖头了的一只航船，它是立于高山之巅远看东方已见光芒四射喷薄欲出的一轮朝日，它是躁动于母腹中的快要成熟了的一个婴儿。”在信的末尾，毛泽东再次向林彪指出：“我所不赞成你的，是指你缺乏建立政权的深刻的观念，因之对于争取群众促进革命高潮的任务，就必然不能如你心头所想的完满地达到。我这封信所要说的主要就在于这一点。”很显然，毛泽东给林彪的这封复信，已超越了一般私人之间通信的意义。因此，毛泽东在发送给林彪的同时，还请红四军政治部将复信油印发至红四军各大队党支部，以便让更多的指战员了解他的思想和意图。

为什么说《星星之火，可以燎原》是道路理论基本形成的标志呢?

第一，毛泽东在文章中严肃批评了党内在建设农村根据地问题上的错误观点，批评了“城市中心”论的思想，充分肯定了坚持“工农武装割据”的正确路线。他指出，全国范围的、包括一切地方的、先争取群众后建立政权的理论是与中国革命的实情不适合的，因为中国是一个由许多帝国主义国家互相争夺的半殖民地，在中国走城市武装起义的道路是行不通的。

之所以仍然有一批领导出现错误，一个关键点就在于对党的工作重心到底应当放在哪里，还没有弄明白。为此，他进行了反复思考，在《星星之火，可以燎原》一文集中地阐述了这个问题。一方面，他明确指出：“红军、游击队和红色区域的建立和发展，是半殖民地半封建中国在无产阶级领导之下农民斗争的最高形式，和半殖民地农民斗争发展的必然结果；并且无疑地是促进全国革命高潮的最重要因素。”

因此，“朱德毛泽东式、方志敏式的……政策，无疑地是正确的”。另一方面，他又指出：“希望用比较轻便的流动游击方式去扩大政治影响，等到全国各地争取群众的工作做好了，或做到某个地步了，然后再来一个全国武装起义，那时把红军的力量加上去，就成为全国范围的大革命。他们这种全国范围的、包括一切地方的、先争取群众后建立政权的理论，是与中国革命的实情不适合的。”真正确立了工作重心后，毛泽东彻底抛弃了城市中心论，确立了农村中心论的理论基点。在农村建立根据地，以农村包围城市最后夺取城市，乃是中国革命唯一正确的道路。

第二，毛泽东分析了发展无产阶级领导的农民斗争的伟大意义，深刻阐明了农村革命根据地在中国革命中的重要地位。强调坚持农村根据地斗争，才能树立全国革命群众的信仰，才能给反动统治阶级以甚大的困难，才能动摇其基础而促进其内部的分解，才能真正地创造红军，成为将来大革命的主要工具，才能促进革命的高潮。

第三，毛泽东提出了一条红色政权巩固和扩大的路线。毛泽东指出，红色政权必须执行“朱德毛泽东式、方志敏式之有根据地的，有计划地建设政权的，深入土地革命的，扩大人民武装的路线”，红色政权的发展才能波浪式地向前扩大。

第四，毛泽东强调坚持农村根据地斗争的意义。毛泽东说：“必须这样，才能树立全国革命群众的信仰，如苏联之于全世界然。必须这样，才能给反动统治阶级以甚大的困难，动摇其基础而促进其内部的分解。也必须这样，才能真正地创造红军，成为将来大革命的主要工具。总而言之，必须这样，才能促进革命的高潮。”

毛泽东的上述论述，进一步发展了“工农武装割据”的思想，实际上否定了照搬外国经验的“城市中心论”，提出了“以乡村为中心”的思想。至此，标志着农村包围城市、武装夺取政权革命道路理论基本形成。

1930年5月，毛泽东撰写的《反对本本主义》，尖锐地批评了教条主义，第一次明确提出，马克思主义的“本本”是要学习的，但是必须同我国的实际情况相结合，“中国革命斗争的胜利要靠中国同志了解中国情况”。强调调查研究是实现把马克思主义和中国实际正确地结合起来，坚持实事求是思想路线的基本途径和方法。这表明，毛泽东从思想路线的高度为开创农村包围城市的道路指明了方向。

在农村建立根据地，以农村包围城市、武装夺取政权道路的思想，是以毛泽东为主要代表的中国共产党人对马克思列宁主义的运用和发展，它反映了中国特殊的历史条件及由此决定的中国革命发展的特殊规律，指明了中国革命走向胜利的唯一正确道路，这标志着农村包围城市道路成功开辟出来了，中国革命正是循着这样一条正确道路走向胜利的。

实践表明，中国革命要走上胜利发展的道路，就必须把工作中心放在农村。当共产国际和中共中央还认识不到这一点的时候，毛泽东从中国国情出发，经过探索并总结经验，提出了以乡村为中心的思想。

第四章　农村包围城市道路理论的内容

农村包围城市、武装夺取政权的道路，是马克思主义暴力革命原理在中国特殊历史条件下的运用和发展，它科学地论证了中国为什么必须走农村包围城市的道路，以及为什么走这条道路能够夺取革命的胜利，其理论闪耀着中国革命必须走自己道路的思想。

第一节　中国红色政权存在与发展的原因和条件

中国革命走农村包围城市，最后夺取城市的道路，已经被中国革命所取得的胜利所证实。然而，道路理论的形成经过了许多艰难曲折。

毛泽东领导秋收起义，进攻长沙失利以后，在井冈山建立起第一块红色政权。当时，在中央和井冈山都有人对此表示怀疑：在边远落后的农村进行游击战争，中国革命能取得成功吗？

为了回答这些问题，毛泽东在1928年10月撰写了《中国的红色政权为什么能够存在》，11月又撰写了《井冈山的斗争》，这两篇文章深刻分析了中国半殖民地、半封建社会的特点，总结了井冈山和各地的斗争经验，从理论上系统分析和论证了中国红色政权发生、发展的原因和条件。

毛泽东认为："一国之内，在四周白色政权的包围中，有一小块或若干小块红色政权的区域长期地存在，这是世界各国从来没有的事。这种奇事的发生，有其独特的原因。而其存在和发展，亦必有相当的条件。"这些原因和条件是：

一、当时政治经济发展不平衡

当时的中国是一个政治经济发展极不平衡的半殖民地半封建大国，这一基本国情，是红色政权能够存在和发展的根本原因，也是农村包围城市道路得以实现的最重要的可能条件。

旧中国是由许多帝国主义国家间接统治的半殖民地国家。近代中国在《马关条约》以后被多个帝国主义国家所瓜分：东北是日俄势力范围，山东是德国势力范围，长江流域是英国势力范围，福建是日本势力范围，珠江流域是英法势力范围。帝国主义瓜分中国的结果，造成了中国政治经济发展的不平衡。中国的新老反动军阀各自寻找帝国主义作为自己的靠山，各霸一方，加剧了中国政治经济发展的不平衡。

所谓中国政治经济发展不平衡，是指中国不是统一的资本主义经济，而是地方性农业经济占主要地位的半封建国家，微弱的资本主义经济和严重的半封建经济同时存在，近代式的若干工商业都市和停滞不前的广大农村同时存在，若干铁路、航路、汽车路和普遍的独轮车路、只能用脚走的路以及用脚还不好走的路同时存在。

旧中国是一个地方性农业经济占主要地位的半封建国家。由于帝国主义的侵略和中国反动军阀连年混战，中国政治经济发展严重不平衡，东部与西部、沿海与内地、城市与农村，贫富差距极大。

地方性农业经济的特点是农村可以相对脱离城市，农村不依赖城市可以维持简单的生活和再生产。在发达的资本主义国家，资本主义愈发展，农村对城市的依赖性就愈大。而中国则不同，中国的农村，尤其是山区、偏远地区，其衣食住行可以完全不依赖于城市。在敌人经济封锁的条件下，农村可以自力更生长期坚持战争。

经济上的不平衡决定了政治上的不平衡：

一是帝国主义及其扶植的中国反动势力主要集中在城市，偏僻的农村是敌人统治力量相对薄弱的环节。

二是各帝国主义划分势力范围，各派军阀混战，形成进攻革命的不一致，给红色政权的存在和发展以可乘之机。最早建立并能生存下来的根据地大多在两省或三省交界之地。

中国政治经济发展不平衡使得弱小的革命力量能够在反动统治势力之间的间隙和裂缝中求得生存与发展。

自给自足的自然经济使革命力量在农村获得基本的生存条件。中国是一个幅员辽阔的大国，特别是广大的农村地区，为革命力量提供了极大的回旋余地，“东方不亮西方亮，黑了南方有北方”，即使在局部遇到严重的困难和挫折，革命力量仍能在其他地区或其他方面得以恢复和发展。因此，毛泽东指出，只要认清了中国是一个多帝国主义国家互相争夺的半殖民地，就会明白为什么中国反动统治阶级内部的混战会一天比一天激烈，就会明白为什么农村革命斗争和社会政权会出现全国规模的发展。

二、国民革命的政治影响和良好的群众基础

红色政权首先发生和长期存在的地方，一般是国民革命时期工农运动蓬勃兴起的地方，如广东、湖南、湖北、江西等省。这些地方都曾经建立过党的组织和工农群众的组织，开展过轰轰烈烈的反帝反封建斗争；这里的群众有较高的政治觉悟，也有一定的斗争经验。

因此，当大革命失败以后，革命的主要力量转入南方。南方建立的根据地主要有11个：井冈山革命根据地、赣南闽西革命根据地、中央革命根据地、鄂豫皖革命根据地、湘鄂西革命根据地、湘赣革命根据地、左右江革命根据地、湘鄂川黔革命根据地、闽浙赣革命根据地、湘鄂赣革命根据地、琼崖革命根据地。

建立在北方的根据地有2个：川陕革命根据地、陕甘革命根据地。

三、全国革命形势的不断向前发展

毛泽东认为，小块地区的红色政权能否长期存在并发展壮大，取决于中国革命整个形势的发展，如果革命形势是向

前发展的，那么红色政权的发展则是没有疑义的。

大革命失败后，新军阀统治取代了北洋军阀统治，中国社会的主要矛盾仍然是帝国主义和中华民族的矛盾，封建主义和人民大众的矛盾。虽然蒋介石建立起城市买办阶级和乡村豪绅阶级的统治，但引起中国革命的各种矛盾一个也没有解决。“中国是全国都布满了干柴，很快就会燃成烈火。‘星火燎原’的话，正是时局发展的适当的描写。”1927年4月，蒋介石在南京建立的国民政府，完全是代表大地主大资产阶级利益的新军阀政权，对外投靠帝国主义，对内实行法西斯独裁统治。它不仅没能解决中国社会的基本矛盾，相反却使各种社会矛盾更加尖锐激化。蒋介石政权成为各种矛盾的渊源，成为新时期革命的主要目标。由于存在着深刻的革命根源，中国革命的形势必然继续向前发展，从而有利于根据地红色政权的建立和巩固。

四、有相当力量的正式革命武装

有相当力量的正式革命武装是红色政权能够存在和发展的一个必要的主观条件。没有相当力量的正式革命武装，便不能造成割据局面。在革命的武装中，必须要有相当力量的红军作骨干。如果只有地方性质的赤卫队而没有相当力量的红军，将难以打败敌人的军事“围剿”，红色政权则不能坚持和发展。

毛泽东指出，农村革命根据地“若只有地方性质的赤卫队而没有正式的红军，则只能对付挨户团（地主武装队伍），而不能对付正式的白色军队。所以虽有很好的工农群众，若没有相当力量的正式武装，便决然不能造成割据局面，更不能造成长期的和日益发展的割据局面”，只有拥有相当规模的正式军队，才能对付各种类型的反革命军队，才能造成革命根据地的长期割据发展的局面。

五、共产党组织的有力量和正确的政策

中国历史上的经验证明，单纯的农民战争是难以取得完全胜利的。农村革命根据地的主体虽然是农民，但是农民阶级自身的特点决定了他们不能成为革命战争的正确领导者。

毛泽东指出，工农武装割据是在中国共产党的领导下进行的，必须要有党的正确领导，实行马克思主义的正确路线和方针政策，才能使红色政权长期存在和发展。

上述几条固然是红色政权存在和发展必不可少的条件，但

仅有这些条件而没有一个坚强有力的政党领导和正确政策，红色政权即使能够建立，也很难长期存在和发展。而只有当根据地普遍建立起各级党组织以及党组织在根据地建设中实行一系列正确政策，才能给根据地的存在和发展提供重要保证。

第二节　走农村包围城市道路的必要性

毛泽东在1930年1月写的《星星之火，可以燎原》一文，论述了中国革命走农村包围城市道路的必要性。

在1936至1939年间，毛泽东又先后发表了《中国革命战争的战略问题》、《〈共产党人〉发刊词》、《中国革命和中国共产党》等文章中，进一步阐明了革命新道路的理论。

综合这些著作，毛泽东对于走中国特色革命道路的必要性的论述，主要集中在以下三个方面：

一、中国的基本国情决定中国革命道路

毛泽东指出：革命的中心任务和最高形式是武装夺取政权，是战争解决问题，这个马克思列宁主义的革命原则是普遍地对的。但是，中国的国情特点和资本主义各国有所不

同，这就使得中国共产党的任务区别于资本主义各国的无产阶级政党的任务。当时的中国不是一个独立的、民主的国家，而是一个半殖民地半封建的国家，在外部没有民族独立，受到帝国主义压迫；在内部没有民主制度，受到封建制度压迫。因此，在全局上和长时期内不具备合法斗争的条件，不可能像资本主义国家的无产阶级政党那样，利用民主议会制度和组织工人进行罢工实现革命。中国人民要想争取民族独立和人民解放，必然会遭到帝国主义和封建势力的镇压，所以必须拿起武器，以武装的革命反抗武装的反革命，用暴力革命的方式去推翻帝国主义和封建势力在中国的统治，武装斗争是中国革命的一个显著特点。

“共产党的任务，基本地不是经过长期合法斗争以进入起义和战争，也不是先占城市后取乡村，而是走相反的道路”，即必须把革命斗争的中心放在乡村，从敌人统治力量薄弱的乡村开始发动和发展武装斗争，逐步实现武装夺取全国政权，这是唯一正确的选择。

二、农民问题是中国革命的基本问题

在半殖民地半封建的中国社会，农民占全国人口的绝大多数，而工人阶级人数很少，因而不可能像资本主义国家那样，有一个本身强大的无产阶级作为革命的主力，从而依靠无产阶级本身的力量在中心城市举行武装起义并取得胜利，再联合农民的革命力量，把革命推向全国。而在中国，如果单纯依靠无产阶级自身的力量是无法占领中心城市的，即便一度占领了也无法长期巩固。中国反帝反封建的民主革命，实质上是无产阶级领导下的农民革命，武装斗争实质上就是共产党领导的以农民为主体的人民战争。农民是工人阶级可靠的同盟军和民主革命的主力军，废除封建土地剥削制度，是广大农民的迫切要求，也是民主革命的基本内容。因此，中国共产党要领导革命取得胜利，就必须深入农村，发动武装农民，建立农村革命政权，开展土地革命，把落后的农村改造成先进的巩固的根据地，确立起革命力量的深厚社会基础，最后夺取城市，取得革命在全国的胜利。

三、中国革命的敌人长期占据着中心城市

大革命失败后，敌我力量的对比和分布发生了巨大变化，敌强我弱形势更加明显。国民党新军阀在全国建立了反动政权，控制了中国政治、经济、文化的枢纽和命脉，控制

着中心城市和交通要道，并且建立了一支数量可观，物资雄厚，又受到全世界主要资本主义国家支持的现代型强大的反动军队。从蒋介石1931年至1934年对红军进行的五次“围剿”所调集的兵力来看，第一次10万，第二次20万，第三次30万，第四次近50万，第五次近100万。如果没有强大的经济实力与军事实力为基础，不可能在短时期内调集这么多的兵力围攻苏区。

事实也是如此，当蒋介石逐步控制全国政权后，便建立了中（央）、中（国）、交（通）、农（中国农民）四大银行，有强大财力作后盾，更在30年代利用帝国主义的庚子赔款，修了3300公里铁路，7万多公里公路，后又与美、德两国资本合作开办两家航空公司，到1937年7月，从美国一个国家便获得过2000万美元的信贷，依靠这些财力，建立起了一支如毛泽东说的与“世界现代国家军队”相差无几的新型军队。这支军队的数量与装备，据抗战前统计资料，国民党共有陆军步骑兵191个师，52个旅，海军舰艇5.9万余吨，空军飞机300余架，总兵力约200多万，其每师编制1万余人，步骑枪3800余支，轻重机枪300余挺，火炮46门。

广大农村则是反动派统治链条中相对薄弱的一环，这就为革命力量的生存与发展提供了空间。因此，革命力量必须深入农村，发动农民，建立巩固的农村革命根据地，建成军事上、政治上、经济上、文化上的伟大的阵地。在长期的革命斗争中壮大革命力量，改变敌强我弱的形势，先占领乡村，后夺取城市，最终才能夺取全国的胜利。

第三节　土地革命、武装斗争和根据地建设

所谓“工农武装割据”就是在共产党的领导下，以革命根据地红色政权建设为依托，以土地革命为主要内容和以武装斗争为主要斗争形式。

“工农武装割据”的思想是以毛泽东为代表的中国共产党人，把马克思列宁主义基本原理和中国革命实际相结合的重大成果。它解决了在政治经济发展不平衡的农业大国，在敌强我弱的形势下，共产党怎样坚持革命，怎样发展壮大革命力量，最终夺取革命胜利的问题。“工农武装割据”思想是农村包围城市道路理论的重要组成部分，为农村包围城市道路理论的形成奠定了基础。

毛泽东论述了“工农武装割据”三个基本内容之间的相

互关系是“三位一体”、密切结合的关系：以革命根据地红色政权建设为依托，以土地革命为中心内容，以武装斗争为主要形式。“三位一体”为根本内容的这条道路，是真正的中国特色的革命道路。

一、以土地革命为中心内容

土地革命是中国民主革命的基本内容。在以自给自足的自然经济为主要特征的中国广大农村，土地是农民赖以生存的命根子。毛泽东指出，中国的民主革命，实质上就是无产阶级领导的农民革命；中国的革命战争，实质上就是无产阶级领导的农民战争。

中国历代农民起义都与土地问题有关，但是封建地主阶级的土地所有制一直没有改变。共产党在其占据的红色政权区域必须没收封建地主阶级的土地，将土地无偿地分配给占全国人口80%以上的农民，才能满足广大农民对于土地的要求，才能极大地调动农民参加革命的积极性。

在整个民主革命时期，中国共产党十分重视土地问题。从1928年12月制定第一个土地法开始，出台了一系列土地法和土地革命的政策。在总结井冈山根据地一年来土地革命斗争的基础上，毛泽东起草了《井冈山土地法》，这是中国共产党主持制定的第一个土地法。这个土地法有9条14款，主要内容是没收一切土地归苏维埃政府所有并由其进行分配，以人口为标准平均分配土地。

1929年4月，毛泽东在赣南兴国主持制定了《兴国土地法》，该土地法8条11款。这个土地法把《井冈山土地法》中“没收一切土地”改为“没收一切公共土地及地主阶级的土地”，明确了土地革命是要消灭封建土地制度，打击的主要对象是地主阶级，这是一大进步。

二、以武装斗争为主要形式

中国共产党成立以后，经历了第一次国共合作和第二次国共合作。第一次国共合作由于没有掌握统一战线领导权，致使轰轰烈烈的大革命失败。毛泽东讲：“我们党从1921年成立直至1926年参加北伐战争的五六年内是认识不足的。那时不懂得武装斗争在中国的极端的重要性，不去认真地准备战争和组织军队，不去注重军事的战略和战术的研究。在北伐过程中，忽视了军队的争取，片面地着重于民众运动，其结果，国民党一旦反动，一切民众运动都塌台了。”“1924年至

1927年，乃至在其以后的一个时期，对此也还认识不足。”

中国共产党从1921年成立到1949年中华人民共和国成立的28年间，差不多有25年是在战争中度过的。历史表明，“我们党的历史，可以说就是武装斗争的历史”。

血的教训告诉中国共产党人，武装斗争是中国革命的主要形式，中国的革命是武装的革命反对武装的反革命，双方的斗争是你死我活的斗争，这是中国革命的特点。毛泽东说，在中国“由于封建的分割，地主或资产阶级的集团或政党，谁有枪谁就有势，谁枪多谁就势大”。

毛泽东说，没有武装斗争，没有强大的红军，便不能造成割据，革命根据地就不能存在，土地革命便不能进行。在革命实践中，毛泽东多次强调了武装斗争在中国革命中的作用和地位。毛泽东认为，在帝国主义时代，面对着强大的凶恶的敌人，只有用枪杆子的力量才能战胜武装的地主和资产阶级。“在这个意义上，我们可以说，整个世界只有用枪杆子才可能改造。”

三、以根据地建设为基本依托

革命根据地是中国革命的战略基地，没有根据地，革命武装便不可能开展土地革命，就成了黄巢、李自成式的流寇主义，红军就不能扩大，武装斗争就失去依托，中国革命就有被敌人扼杀的危险。中央制定的一系列政策受到根据地人民的拥护，大批农民参军，壮大了革命武装。

实践也正如毛泽东所预见的一样，井冈山根据地的创立和发展，促进了全国各地工农武装割据局面的形成。到1930年上半年，全国共建立大小15块革命根据地，红军发展到约10万人，还有众多的农民赤卫队，空前壮大了革命力量。农村革命根据地迅猛发展的局面，展现了中国革命发展的独特途径。标志着中国革命的重心开始由城市转向农村，并在实践上为中国革命通往胜利开辟了一条崭新的道路。

第五章　农村包围城市道路理论是集体智慧的结晶

农村包围城市、武装夺取政权道路理论是毛泽东创立的，但这个理论也是中国共产党集体智慧的结晶，老一辈无产阶级革命家对此做出了重要的贡献。

第一节　周恩来对革命道路理论的贡献

一、提出和实行“工农武装割据”

1927年夏，蒋介石、汪精卫背叛革命后，中国革命处在国民党新军阀的极端白色恐怖统治下，中共中央依据共产国际的指示，决定实行武装起义，周恩来等共产党人，最早高举武装斗争大旗，毅然领导了八一南昌起义，打响了武装反抗国民党反动派的第一枪。起义失败后，同年11月，周恩来辗转回到上海，被补选为中央政治局常委，继续领导全党的武装斗争。尽管遭遇重大挫折，但党没有被吓倒，仍前赴后继地奋起斗争。周恩来对中国革命道路的探索最开始也是始于“工农武装割据”思想的提出。

1927年11月，周恩来回到中共中央的领导岗位以后，在重视农村地区作用的思想基础上，把大部分精力用到了指导工农武装割据方面。比较有代表性的是1927年底，他指示朱德、陈毅领导的南昌起义余部坚持与当地农民运动相结合，开展武装斗争。建议中央指示毛泽东领导的秋收起义队伍，积极在农村开展武装斗争，扩大武装割据局面。1928年1月，他同意贺龙请求，建议中央派贺龙和周逸群去湘鄂边发动群众，建立工农革命军，开展武装斗争。并提出“依山建军，再向平原发展”的方针。1928年2月，周恩来对自己的“工农武装割据思想”做了总结。他在2月16日发出的为中央起草的致福建临时省委的信中指出：“福建目前总的任务是发展城市工人群众的日常政治经济斗争，领导乡村农民自发地斗争并谋扩大，指导他们以党的游击战争的战略，土地革命的政纲，由日常斗争而达到工农暴动的割据局面，夺取政权，推翻乡村封建统治。”在这一天的一次重要谈话中，他对全国革命形势谈了自己的见解，认为："中国革命是不平衡的发展……依目前中国工农很需要革命的情形看，革命的潮流并未低落，是高涨的。暴动是要在革命潮流高涨的前提下才能做成。割据有长时间的可能，我们应有长期的准备。"在周恩来参加临时中央政治局会议讨论广州起义和总政策等问题之后，2月22日中央致广东省委的信中指出："中国现在革命的发展，事实上形成特殊的方式：'农民割据'。"这些看法说明，这时周恩来不仅已经明确地形成了工农武装割据思想，而且认识到工农武装割据对于全国革命高潮的重要性。

另外，他在指导北方工作时，也强调了这一重要思想。他在为中共中央起草写给陕西省委的信中指出，发动士兵暴动时机成熟的条件是："（一）驻地附近要有群众运动，要有工农的坚强组织；（二）要有党的指导；（三）要能造成一个暴动的割据局面；（四）要较有胜利把握。他强调指出：这些条件不成熟，就不要急于发动。当然，不能否认当时中央，包括周恩来的工农武装割据思想是以城市为中心的，并带有盲动的色彩。但中共中央尤其是周恩来此时强调实行工农武装割据，形成一个又一个农村革命根据地，这确是秋收起义以来从中国革命实际出发总结出的重要经验，是中国共产党人探索中国革命道路的开端。

二、形成“先有农村红军，后有城市政权”的思想

1928年11月，湖南、江西敌人对井冈山根据地进行第二次“会剿”，井冈山处于困难时期。1929年1月，毛泽东、朱德率领红四军主力向赣南出击，又遭敌截击追击。为此，中共中央政治局会议讨论红四军为粉碎湘赣两省国民党军“会剿”，于1月中旬撤出井冈山以后的行动方针。会议根据共产国际的批示精神，作出分散红军，隐蔽大的目标，调朱德、毛泽东出来的决定。由周恩来起草一封指示信，经中央政治局讨论后发出，史称“二月来信”。

4月5日，毛泽东主持召开中共红四军前委会议，讨论收到的中共中央“二月来信”。会后，他怀着复杂的心情代表红四军前委给中央写了回信，信一开头就坦诚地指出：中央二月来信“对客观形势和主观力量的估量，都太悲观了”，“中央要我们将队伍分得很小，散向农村中，朱、毛离开队伍，隐匿大的目标，目的在于保存红军和发动群众，这是一种不切实际的想法”。

6月12日，中央政治局开会讨论毛泽东、朱德的复信。会上，周恩来在分散红军问题上很重视毛泽东的意见，他感到中央“二月来信”是按照布哈林确定分散的策略，“是有些毛病”。他说：站在红军是促进革命高潮动力之一的条件的立场，红军也要集中才有办法，因为集中才能扩大。从开展土地革命方面来说，以红军组织的力量去帮助农民组织也是很有作用的，即在俄国革命过程中，有些乡村也是红军在那里没收地主的土地。从各方面看，过去主张分散的策略不适用，尤其在中国。在谈到农村工作时，他说：目前农运问题客观上是忽略的，目前中国割据的形势是存在的，问题是要城市的领导，城市工作一旦发展，割据局面一定可以发展到固定方面。周恩来虽然还是强调城市的领导问题，但根据情况的变化，认识到在中国农村存在建立革命根据地的形势，从而进一步认识到红军是促进中国革命高潮的动力之一；红军可以帮助土地革命的发展，显然比中央“二月来信”时对中国革命道路的认识又前进了一大步。

朱德和毛泽东是为着共同的革命目标走到一起的，但工作中出现分歧是不可避免的。接到中央“二月来信”后，二人态度完全不同。朱德同意中央的意见，毛泽东不同意。

1929年6月22日，在红四军党的七大上，毛泽东的正确意见被否决。会后，他被迫离开前委领导岗位，去了闽西特委指导地方工作。

中央接到红四军党的七大报告和有关文件后，8月13日召开政治局会议讨论红四军问题。周恩来认为，毛泽东和朱德的分歧不仅仅是组织上的分歧，也是政治上的分歧；红四军党的七大的决议有些正确，有些是不正确的。仅仅根据决议和个别人来信，有些问题还不清楚，待陈毅来中央汇报后，“再作一整个回答”。

8月下旬，继任红四军前委书记的陈毅到上海后，向中央政治局作了汇报，陈述了红四军内部分歧。他认为，从一年多的战斗历程看，毛泽东在政治上是正确的。中央政治局根据陈毅的汇报，决定由周恩来、李立三、陈毅三人组织一个委员会讨论并拟出决议提交政治局，委员会由周恩来负责。这就是著名的中央“九月来信”产生的经过。

在《中共中央给红四军前委指示信》即“九月来信”中分析了全国的政治军事形势，肯定了红四军武装割据经验，强调指出：“中国地势辽阔，……先有农村红军，后有城市政权，这是中国革命的特征，这是中国经济基础的产物。”

指示明确规定目前红军的主要任务是："（一）发动群众，实行土地革命，建立苏维埃政权；（二）实行游击战争，武装农民，并扩大本身组织；（三）扩大游击区域及政治影响于全国。"

周恩来的"九月来信"明确提出了先在广大农村地区发展红军和农民游击战争，实行土地革命，建立和扩大农村革命根据地，然后夺取城市和全国政权这样一条中国革命的道路的想法，并按照这一想法去指导全党和红军的工作。应该说，周恩来的这一思路，和"农村包围城市、武装夺取政权"的道路是完全一致的，是对中国革命道路的重大贡献。

三、高度重视红军和苏区的工作

1930年5月，周恩来到莫斯科向共产国际汇报、讨论中国革命的若干重大理论、政策和实际工作问题。为了让共产国际和斯大林了解中国的实际情况，他准备了一个星期，写了10万余字的报告。途经德国时，应德共《红旗报》约请，他化名陈光，发表了一篇题为《写在中华苏维埃第一次代表大会召开之前》的文章，指出：中国革命正在走向新高潮，"农民游击战争和土地革命是今日中国革命的主要特征"。

这是对中国革命实践的深刻总结。到莫斯科后，他见了斯大林，进行了一个小时的谈话。在这些会上和谈话中，周恩来介绍了中国国情和革命发展的情况；强调“全国政治经济的不统一，还表现不平衡的特征”；介绍“六大”以来，红军已发展到13个军，在全国各地已建立大小15个农村根据地；现在“中国工农群众不仅有他们的苏维埃政权，并且有了为这个政权斗争的十万红军和十数万游击队”。周恩来一个报告一个谈话，让斯大林和共产国际对中国的国情有了进一步的了解，斯大林“接受一年多来中国红军有重大发展的事实，认为应该把红军问题放在中国革命问题的第一位”。

借着共产国际的东风，周恩来一回到上海立即系统地汇报了在莫斯科三个多月的工作。特别是他对共产国际关于中共党的政治路线和中心策略问题作了详细传达之后，立即着手纠正李立三的“左”倾冒险主义错误，带领全党转变指导思想，改变过去城市中心的错误路线，执行重视农村根据地和红军的正确路线。这就为全党全军走上农村包围城市的正确道路，消除了思想上、行动上的巨大阻力。这是党的指导思想关系革命前途和命运的新的巨大转变。

在纠正李立三“左”倾冒险主义错误的同时，周恩来立即着手加强农村革命根据地的工作。8月26日，周恩来提出成立苏区中央局“以指导红军和群众工作”。9月1日，他在为中央起草给长江局的信中指出：“苏维埃中央局的工作更应成为中心的中心。”把苏区工作看成工作中心的中心，是周恩来探索以农村为中心，走农村包围城市正确道路思想理论的又一次升华。10月3日，中央政治局会议决定，接受周恩来建议，成立苏区中央局。17日正式任命他为苏区中央局书记。在布置全国工作时，他强调：“要从中央政治局起，以百分之六十的干部力量去加强与巩固苏区的领导。”并要求莫斯科学习军事回来或在国内做过军事工作的干部，“都要以百分之九十以上派往苏区”。此后周恩来更加坚定地引领全党全军，走以农村包围城市最后夺取城市的正确道路。

第二节　朱德对革命道路理论的贡献

农村包围城市的革命道路，是指引中国革命走向胜利的正确道路，是马克思主义与中国实际相结合的产物，是中国共产党人，特别是周恩来、毛泽东、朱德、陈毅等老一辈革命家集体智慧的结晶。在开辟这条正确道路，并沿着这条道路前进过程中，朱德和毛泽东一起，做出了重要的贡献。

一、提出政治战略转变思想

1927年10月21日下午，朱德率领的南昌起义军一部在潮汕地区失败后，从广东三河坝撤回来停歇在江西安远县的天心圩亭上。此时的朱德心中久久难以平静，不禁忧心忡忡。他清醒地意识到，因为接连败战，此时的部队从南昌起义的几万人已经锐减到现在的800多人，而且部队思想混乱，士气低落，军心不稳，士兵开小差、逃跑时有发生……为了稳定部队情绪，鼓舞革命斗志，坚定胜利信心。朱德在天心圩的军人大会上，有一次非常激动人心的讲话，朱德非常严肃地指出："大家知道，大革命是失败了，我们的起义也失败了！但是我们还要革命的。同志们，要革命的，跟我走，不革命的可以回家，不勉强！""但是，大家要把革命的前途看清楚。一九二七年的中国革命，好比一九〇五年的俄国革命。俄国在一九〇五年革命失败以后，是黑暗的，但黑暗是暂时的，到了一九一七年，革命终于成功了。中国革命现在失败了，也是黑暗的，但是黑暗也是暂时的。中国也会有个'一九一七年'的。只要能保存实力，革命就有办法，你们应该相信这一点。”然后又讲，这一带有大革命时期农民运动的基础，一定要跟农民运动结合起来，找个地方站住脚。随后，朱德、陈毅率部来到湘粤赣交界的崇义县西南的上堡、文英、古亭地区。朱德在追忆这一段斗争历史时说：“干革命过去只知道在城市搞起义，这个时候才知道还可以上山打游击”，“我们原来也不知道上山，开始上山搞了个把月，觉得上山有出路”。“上山有出路”的结论，是朱德对中国革命道路的一个可贵的探索，表现了这位无产阶级政治家和军事家的卓越才能和战略眼光以及勇于探索的勇气。

二、发动湘南暴动

1927年8月3日，南昌起义部队撤离南昌，南下广东。9月下旬，部队在攻占潮州、汕头时遭到失败。朱德、陈毅遂率领一部分起义部队离开广东，向粤、赣、湘边界地区转移。11月下旬，朱德率部队来到湘南汝城，与湘南特委取得了联系，希望在湘南开辟根据地，开展游击战争，并主持召开了联席会议，决定以农村为阵地，组织武装暴动。

1928年1月，朱德率部来到湘南的宜章，在湘南特委的支持下，智取宜章取得胜利，历史上称为“宜章暴动”。1月13

日，在宜章县组建了工农革命军第一师，镰刀锤头的红旗第一次被举起。

智取宜章的胜利，揭开了湘南起义的序幕。接着，郴州、永兴、资兴、耒阳先后被起义部队攻克，建立了工农民主政权和工农革命军第三师、第四师和第七师。在湘南暴动过程中，宜章、郴州、资兴、永兴、耒阳等五个县建立了苏维埃政权，其他县有的建立了区乡一级的苏维埃政府，1928年3月中旬，在永兴举行了各县苏维埃代表大会，成立湘南苏维埃政府。在苏维埃政府的领导下，农民起来开展打土豪、分田地，进行土地革命。湘南暴动唤起了百万拥护革命的农民群众，开创了武装割据的大好局面。湘南地区又先后组建了工农革命军第三师、第四师、第七师和两个独立团。领导湘南起义，是朱德在党的领导下探索武装夺取政权道路的开始。正如他后来回忆时所说：湘南起义，“我们的军队就和湖南的农民运动结合起来”。

武装起义军队同农民运动相结合，这是湘南起义取得很大胜利的一条重要经验。第一次大革命时期，党曾经参与政权的建立，但那是国共合作建立的政权，而且事实上国民党在政权中占据主要成分。第一次大革命失败后，情形完全不同了。国共两党处于分裂状况，中国共产党开始独立领导政权建立的进程。这个进程的突出特点，就是“非单纯依靠军队而是工农群众为主体”。工农民众（主要是农民）既是建立政权的基本力量，又是构成政权的主体成分。湘南起义鲜明地体现出这个特点。“非单纯依靠军队而是工农群众为主体”是中共中央的指示，朱德的努力在于把中央的指示变成实际行动。这种实践努力，对于逐步形成和丰富党对政权问题的认识和政策，具有更为重要的意义。

后来，由于湘南特委推行“左”倾盲动主义，脱离了群众，孤立了自己，实行大烧大杀的政策，在群众中引起不满，致使本已取得的胜利又受到很大挫折。加上桂、湘、粤军阀联合七个师兵力分南、北、西三路向湘南工农革命军“协剿”。为保存军力，除留下一部分地方武装继续在湘南坚持斗争外，朱德、陈毅率领南昌起义军余部和湘南起义军共万余人不得不退出湘南，向井冈山转移。

三、共同创建农村革命根据地

1928年3月底，朱德、陈毅决定避开强敌进攻，向井冈山地区转移，以保存力量。4月，实现了有历史意义的“朱毛会师”，两部合编为工农革命军第四军。朱德任军长，毛泽东任党代表。6月，中共中央指示改称红军第四军，从此开始了朱德、毛泽东共同创建农村革命根据地的新阶段。

美国进步女作家史沫特莱这样描述这次伟大的会师：“土地革命的两大主流汇合了，这次会见是中国历史上最重要的事件之一。”在5月4日召开的庆祝两军会师大会上，朱德发表讲话说：“我们党领导的两支革命武装的会合，意味着中国革命的新的起点。这次胜利会师，我们的力量扩大了，又有井冈山作根据地，就可以不断地打注敌人，不断地发展革命。”

上井冈山之后，朱德对在中国寻求建立工农政权的认识更加深刻了。一是在向赣南、闽西进军，寻求在更大范围建立根据地的艰苦斗争中，他坚定地同毛泽东一起不断地总结斗争的经验教训，探索工农民主政权如何巩固和发展的途径。1930年，红军在第二次进攻长沙失败后，彭德怀主张继续进攻，而朱德则反对，他主张撤退到苏区，以便加强军队，说明朱德注意吸取历史的经验，认为此时红军虽有较大的发展，也不应再去冒险地进攻长沙，主张建设巩固的革命根据地。二是1930年前后，在毛泽东逐步形成了以农村包围城市、夺取全国政权的战略思想时，朱德也以他亲自领导武装斗争的经验，从如何建设好红军、保障军事斗争胜利的角度，支持和丰富了这一思想。他在1931年著文《怎样创造铁的红军》中阐述："红军的历史任务是夺取政权，建立和巩固工农自己的苏维埃政权。"而要建立起工农政权，除了坚持共产党的领导外，还要"建立巩固的革命根据地"。他认识到只有根据地扩大了，才能实现以农村包围城市，最后夺取城市的胜利。三是中国共产党在以城市为中心占主导地位的七年多的时间里，面对蒋介石的独裁专制，敌强我弱的艰难形势下，朱德站在毛泽东的立场上，坚持从中国实际出发，坚持以农村为中心，建立巩固革命根据地，特别是在创建工农民主政权方面做出重大贡献。朱德认为工农民主政权与国民党新军阀政权的根本不同，在于它拥有广泛的工农民众基础。后者依赖掌控国民经济命脉的少数财团和拥有数量不等的军队的军阀，以及外国在华势力，前者依靠工农民众（主要是人口占总人口百分之九十以上的农民）。所以，就经济力和军力来说，后者虽然占有优势；但是就人力来说，前者远远超过后者。更重要的是，国民党新军阀政权并不愿意真正解决国民的民权、民生问题；而中国共产党领导的根据地政权，赋予工农民众各种权利。工农民众（主要是农民）成为党领导的革命的直接和主要力量。尽管由于共产国际在中国强行推动苏维埃运动的错误指导，最终导致革命遭受严重的挫折，不得不走上长征路。然而，朱德对中国的工农政权建设的贡献，积累了丰富经验和教训，谱写了中国革命、中国共产党和国际共产主义运动历史上的伟大篇章。

由此可见，毛泽东、朱德等在领导井冈山革命斗争的过程中，成功地把开展武装斗争、实行土地革命、建设红色政权这三者结合起来，确立了“工农武装割据”的重要理论，开拓了一条有中国特色的武装夺取政权的道路，在军队建设、党的建设、政权建设、经济建设、土地革命、战略战术等方面总结、摸索了一整套宝贵的经验，奠定了农村包围城市道路的理论和实践的基础，朱德为此做出了重要的贡献。

第三节　瞿秋白对革命道路理论的贡献

在伟大的无产阶级革命家周恩来、朱德等领导人对中国革命道路理论做出重大贡献同时，党的早期领导人瞿秋白也进行了开拓性的探索。

一、对武装斗争思想的贡献

在半殖民地半封建的中国，进行民主革命以何种斗争为主要形式，这是中国共产党建立后领导中国革命面临的必须解决的一个重大首要问题。“农村包围城市、武装夺取政权”的中国革命道路的理论解决了这个问题。中国革命道路理论中的“工农武装割据思想”包括土地革命、武装斗争和农村革命根据地建设三个基本内容。

中国民主革命的主要形式是“武装斗争”问题。中国革命以武装斗争为主要斗争形式，是由中国国情和中国革命的特点决定的。在半殖民地半封建的中国，没有资产阶级的民主制度，帝国主义、封建主义和官僚资本主义的联合势力总是凭借其强大的军队和暴力，对人民实行独裁统治。在这样的社会历史条件下，中国革命只能以长期的武装斗争为主要形式。近代以来的中国历史已经一再地证明，在中国离开了武装斗争，就不能完成任何的革命任务。

瞿秋白从1926年起在多篇文章中谈到武装斗争问题。瞿秋白明确提出，中国革命必须以武装斗争——“革命战争”为主要形式，1926年《新青年》第4号上，瞿秋白发表了《中国革命中之武装斗争问题》一文，这篇文章谈到的武装斗争问题是对中国革命道路的最早探索。瞿秋白在该文中明确指出："我们以为现在有详细讨论革命斗争的方式之必要；我们应当指出各种方式的必要和应用，尤其在这一时期，革命战争是主要的方式，其他方式都应当应用，直接的或间接的做革命战争的准备。""现时革命运动的中心问题已经是实行准备革命战争，求于最短时期间推翻中国现在的统治、帝国主义在中国的政治统治军阀制度。"

1926年8月，瞿秋白在《北伐的战争之意义》一文中又指出："革命方面，也只有反抗北京屠杀以来的反动潮流，号召革命战争，以反守为攻为目的，猛力向帝国主义买办阶级攻袭，为唯一的一贯的革命策略。"

新民主主义革命的三大法宝分别是统一战线、武装斗争和党的建设。瞿秋白明确指出武装斗争——"革命战争"的必要。他写道："至于革命战争的必要，应当认为现时主要的革命职任。""所以我们对于革命战争的必要，应当尽力宣传，打破伪和平的幻灭；我们对于革命战争的不可避免，应当因此而更加积极准备，以免政治上宣传上战略的临时疏忽，弄得大败而延长中国革命的难产。"这正如斯大林稍后于1926年11月所指出的："在中国，是武装的革命反对武装的反革命，这是中国革命的特点之一，也是中国革命的优点之一。"

瞿秋白关于武装斗争的认识对于毛泽东农村包围城市、武装夺取政权理论具有开拓性的意义。

二、对土地革命的贡献

中国民主革命的中心内容是土地革命。在中国革命道路的理论中，土地革命是"工农武装割据"思想中的三大基本内容之一。瞿秋白认为土地革命是中国民主革命的核心，这不仅表现在他认同毛泽东的《湖南农民运动考察报告》一文中关于土地革命的观点，更表现在他把土地革命上升到中国民主革命的中心内容地位上。当时，毛泽东的《湖南农民运动考察报告》一文，曾在中共中央机关报《向导》周刊上刊登了前半部分，文章还未刊完，瞿秋白便将全文交中共中央在武汉办的长江书局，以《湖南农民革命》为书名出版，并为该书写了序言。他在1927年4月写的《〈湖南农民革命〉序》中指出："农民的生活便是土地。农民没有土地，便是如鱼失水。""农民要这些政权和土地，他们是要动手，一动手自然便要侵犯神圣的绅士先生和私有财产。他们实在‘无分可过’。”瞿秋白在1927年5月写的《农民政权与土地革命》一文中更进一步指出：“所以要推翻帝国主义军阀对于中国的统治和剥削，便必须彻底改变现存的土地制度，为此，亦就更加要彻底扫除封建宗法式的土豪劣绅在农村中的政权。必定要农民得有享用土地的权利。”换句话说，便是中国国民革命应当以土地革命为中枢。中国没有土地革命，便决不能铲除帝国主义军阀之统治和剥削的根基。瞿秋白深刻地认识到了进行土地革命的极其必要性。

至于土地革命的伟大意义，瞿秋白认为：“所以农民很明白地提出没收大地主田地的要求，只有这样，才能铲除反动军阀及蒋介石的经济；只有这样，农民参加革命才有真正的意义。中国无产阶级必定要领导农民去彻底发展这种斗争，因为这种斗争方能建筑革命的国民政府之巩固的基础。”

瞿秋白的关于土地革命和中国革命关系的思想，关于土地革命独到的见解，为毛泽东的土地革命理论奠定了理论基础。

三、对农村革命根据地的贡献

瞿秋白为工农武装割据的贡献，集中体现在他的“农民割据”思想之中。他在《武装暴动的问题》中明确提出在农村建立“革命地域”的问题，他起草的《中央致河南省委的一封信》，正式提出开展“农民割据”的设想，他在为党的六大准备的报告中，进一步阐释了开展“农民割据”的几点具体做法。瞿秋白的“农民割据”思想，大致包括以下内容：第一，“农民割据”是中国革命的重要战略；第二，“农民割据”必须由中国共产党领导；第三，“农民割据”不能脱离武装斗争、土地革命和苏维埃政权建设。虽然，瞿秋白的“农民割据”思想只是将农民割据作为配合城市斗争的一种战略，不可能彻底解决“农村包围城市”这个中国革命的根本道路问题。但它无疑是为“工农武装割据”思想的形成做出了重大的贡献。

关于建立农村革命根据地问题，在毛泽东明确提出建立“农村革命根据地”以前，没有人作过同样的表述，这当然也包括瞿秋白。从他在这个时期文献中也的确找不到“农村革命根据地”的字眼，但在他的思想中却已具有了农村革命根据地的雏形。1926年4月，瞿秋白在《中国革命中之武装斗争问题》一文中指出：“武装暴动在城市里反抗军警比较不能时常进行，必须要等待相当的时机；在乡村里反对土豪军阀，却可以自筑堡垒，以逸待劳。”瞿秋白以其对中国国情的深刻分析，实际上从地域方面探索了建立农村革命根据地的可能性。

此外，他还提出了“农民政权”思想。1927年5月，瞿秋白在《农民政权与土地革命》一文中明确指出：“必定要农民能够组织自己的政权，拥护劳动平民的权利，筑成平民政权的巩固的基础，然后国民革命方能成功。”因为农民政权及土地的运动，实际上是国民政府巩固自己胜利的最伟大的力量。

什么是农民政权？1927年4月，瞿秋白在《〈湖南农民革命〉序》一文中明确指出：“中国农民要的是政权，是土地。”“农民打倒官权、神权、族权、男权是为着什么？是为着创造自己的民权。他们农民协会的民众参加县政，主持乡民会议的运动。民众已经开始自己管理自己的事，甚至打官司，交钱粮，减租，阻谷，办学堂，兴水利……都要自己来管。”

瞿秋白还谈到了“农民政权”的重要性，革命要取得全国胜利，要实现工农联盟，要得到广大民众的拥护，“便必须有坚决的更进一步的铲除军阀统治及买办剥削之经济根基的政策：就是使国民政府的政权之基础，实现于更深更广的民众；换句话说：便是建立农民政权，实行土地革命”。

从以上瞿秋白对“农民政权”的论述中，我们能够看出“农民政权”可以从以下四方面理解：一是“农民政权”的主体是农民，是农民建立自己的政权。二是“农民政权”的性质是自己管理自己。三是“农民政权”的根基是革命军队。四是“农民政权”的任务要实行土地革命。

从以上对农民政权与土地革命的关系的分析中，也许更能明确说明瞿秋白虽没有提出农村革命根据地思想，但是他的“农民政权”理论的的确确包含着农村革命根据地的思想。

诚然，瞿秋白在1927年11月至1928年4月犯了“城市中心论”的“左”倾盲动错误，违背了他原来思想中的关于中国革命道路理论的正确方面，但是不能因为他犯了错误，就抹杀了他对于中国革命道路的贡献。瞿秋白对中国革命道路的探索是毛泽东农村包围城市、武装夺取政权理论的重要思想来源，起了先导作用，他是探索中国革命道路的先驱。

第六章　农村包围城市道路理论的曲折发展

30年代初，是农村革命根据地不断巩固、革命力量不断壮大的时期。毛泽东创立的中央革命根据地及各地蓬勃发展的根据地是农村包围城市道路理论的最好实践，但是，毛泽东开辟的农村包围城市这条正确道路经历了一段极其坎坷的历程。

第一节　瞿秋白的“左”倾盲动主义错误及其危害

一、“左”倾盲动主义错误背景

第一次国内革命战争失败后，1927年7月12日，陈独秀被停职，由张国焘临时代理主持中央工作。8月7日，共产国际代表罗明那兹主持召开八七会议，正式将陈独秀免职，并指定瞿秋白担任临时中央政治局常委，并主持中央工作，瞿秋白成为继陈独秀之后，中国共产党第三任最高领导人。

当时的瞿秋白仅有28岁，是一位年轻的领袖。而他所面临的，是建党以来从未有过的纷繁复杂的政治斗争。作为理论家、宣传家，瞿秋白才华横溢，学富五车，但作为政治领袖，他则缺乏实践斗争经验，特别是在决策方面表现得有点稚嫩。在这种情况下，共产国际的主张左右了他的行动。大革命失败后，在国民党反动派的屠刀下，白色恐怖笼罩全国，革命力量受到极大的摧残。从1927年4月到1928年上半年，约有30多万共产党员和革命群众被杀害，陈延年、赵世炎、恽代英、罗亦农、向警予、彭湃等卓越的革命家都先后慷慨就义。中共党员从5万多人减至1万人左右。党内蕴藏着一股对国民党反动派的仇恨情绪，这就是拿起枪杆子，发动武装暴动，要反对武装的反革命。复仇心理和对陈独秀右倾机会主义的不满情绪，助长了“左”倾思想的发展，瞿秋白终于无法驾驭这种局面，犯了“左”倾盲动错误。

1927年11月9日至10日，在瞿秋白主持下，召开了中共中央临时政治局扩大会议。这次会议时值两湖农民暴动受挫，叶挺、贺龙军队失败之后。因此，会议的主要任务是总结经验教训，制定继续斗争的策略。会议提出中国革命一定要在中国共产党的领导下发动农民，组织工农革命军，开展游击战争，建立农村革命根据地，推翻旧军阀和国民党反动政权等，这些内容都是正确的。但是，这次会议是在全国革命形势转入低潮的情况下召开的，共产国际代表罗明那兹提出“不断革命”论，宣称中国革命是所谓“无间断的性质”。革命形势不断高涨，革命方针应该是进行全国总暴动。这就大大助长了八七会议以来中国共产党内的“左”倾情绪，使“左”倾盲动的指导思想在党中央领导机关取得了统治地位。

二、“左”倾错误表现

在革命性质上，认为中国革命是“不间断的革命”，明显地混淆了民主革命和社会主义革命的界限，不懂得无产阶级在领导人民大众夺取政权后，还需经过一个政治上、经济上实行新民主主义纲领的过渡时期。

在对革命形势的分析上，认为中国革命的进展虽然受到历次挫折，但它始终继续不断地发展，革命形势处于高涨，否认了当时中国革命形势处于低潮，否认了中国革命发展的不平衡性。

在“现时总策略”上，制定了“左”倾盲动主义总方针：“努力使群众自发的革命斗争得有最高限度的组织的性质”，“努力使互相隔离、零星散乱的农民暴动，形成尽可能的大范围内的农民总暴动”，“党的责任是努力领导工人日常斗争，发展广大群众的革命高涨，组织暴动，领导他们到武装暴动，使暴动的城市能成为自发的农民暴动的中心及指导者”。实质是坚持城市中心论，否认农村实行“工农武装割据”的重要性。

三、“左”倾错误后果

中央扩大会议后，中共中央开始实施全国总暴动的方针，先后部署了广州、上海、武汉、天津、长沙等大城市举行“总罢工”、“总暴动”计划；部署两湖、江苏、浙江等省的“工农总暴动”；先后发动了宜兴、无锡的农民起义，以及上海起义、武汉起义、顺直暴动等，并在某些地区提出过“左”的政策和口号，如11月15日中共中央致两湖省委的信提出：“杀尽改组委员会委员，工贼，侦探，以及反动的工头”，“杀尽土豪劣绅、大地主”。在这种“左”倾情绪下，湖南省委一些人甚至主张烧光县城，江苏省委则要求家家户户都要参加暴动，否则以反对革命纪律制裁。由于缺乏群众基础，加之敌我力量悬殊，这些暴动都失败了。最令人痛心的是广州起义失败，失去了起义总指挥张太雷。张太雷是瞿秋白的老乡兼同学，瞿秋白的入党介绍人，是党内不可多得的人才。

张太雷的牺牲给瞿秋白打击非常大，瞿秋白和其他中央领导人意识到党的领导犯了“左”倾盲动错误，1928年3、4月间的临时常委会上瞿秋白作了自我批评，全国范围内的“左”倾盲动错误基本结束了。

第二节　李立三的冒险主义路线及其危害

毛泽东历经艰难探索出来了革命新道路理论，在一段时间里并未被党中央认可和重视，反而遭到严厉批评。当时由于周恩来到苏联汇报工作，六大选出的总书记向忠发能力又不强，所以中央工作实际上由政治局常委兼宣传部长李立三主持。

一、“立三路线”

1928年6月，中国共产党的第六次全国代表大会在莫斯科召开，由于共产国际过分强调党的领袖的工人阶级家庭出身，六大选向忠发为总书记。可是他“无才、无能、无德”，很快被捕叛变。当时在中央有威望的周恩来于1930年3月初离开上海去莫斯科向共产国际报告工作，李立三就成为中共中央工作的实际主持者。

李立三（1899—1967年），中国无产阶级革命家，中国共产党的优秀党员，新中国的创建者之一。年轻时响应毛泽东“二十八画生”征友声明，曾同毛泽东会见。1919年9月赴法勤工俭学。1922年9月14日，和刘少奇等发动、领导了著名的安源路矿工人大罢工。在中共六届一中全会上当选为中央政治局候补委员、候补常委，任中央农委书记。1930年6月至9月，在担任中央政治局常委兼秘书长、宣传部长期间，犯了“左”倾冒险主义错误，被称为“立三路线”。

二、李立三的城市中心观念

1930年6月，李立三主持召开了中共中央政治局会议，通过了《新的革命高潮与一省或几省的首先胜利》的决议案，以李立三为代表的“左”倾冒险主义错误在党中央占据了统治地位。李立三“左”倾冒险主义表现在：

第一，对形势作了根本错误的估计，认为中国革命和世界革命都到了大决战的前夜。

他写道：“中国经济政治的根本危机，在全国任何一处都是同样继续尖锐化，没有丝毫根本的差别。”“总的形势，都表明中国新的革命高潮已经逼近到我们的前面了”，全国范围内已有“直接革命的形势”，并“有极大的可能转变成为全国革命的胜利”。他还认为：中国革命一爆发，就有“掀起全世界的大革命、全世界最后的阶级决战到来的可能”。

第二，不承认中国革命的长期性，混淆民主革命和社会主义革命的界限。

李立三不承认中国革命的长期性，混淆民主革命和社会主义革命的界限。认为一省或数省首先胜利，就是向社会主义革命转变的开始，企图在反对帝国主义和封建主义的同时，反对资产阶级。

第三，反对工农武装割据思想，主张城市中心论。

他认为，“无产阶级的伟大斗争，是决定胜负的力量，没有工人阶级的罢工高潮，没有中心城市的武装暴动，决不能有一省与几省的胜利”，批评“以乡村包围城市”是一种“极错误的观念”，“过去的游击战术”“必须根本地改变过来”。

李立三是城市中心论者，他认为：“乡村是统治阶级的四肢，城市才是他的头脑和心腹，单只斩断了他的四肢，而没有斩断他的头脑，炸裂他的心腹，还不能致他的死命。”这种说法乍听起来也是有一定道理，就像我们个体一样，最怕脑子和心脏出问题，因为那是致命的，其他器官出问题还相对来说好医治。但将这种观念移植到如何看待中国革命的问题上，可就不那么适合了。

三、李立三“左”倾错误思想的危害

李立三的城市中心观念来源于对当时革命形势估计过于乐观，1929—1933年这个时期爆发了席卷全球的资本主义经济危机，而国内又爆发了规模浩大的蒋介石、阎锡山、冯玉祥各派军阀势力之间中原大战，李立三认为革命高潮到来了。于是，他制订了以武汉为中心的全国中心城市武装起义和集中全国红军攻打中心城市的计划。重点是武汉暴动、南京暴动和上海总同盟罢工，并要求各路红军“会师武汉”，“饮马长江”。1930年8月初，成立全国总行动委员会，作为领导武装暴动和总同盟罢工的最高指挥机关；把共产党、青年团和工会的各级领导机关合并为各级行动委员会，停止了党、团、工会的正常活动；进一步提出准备全国暴动的详细计划，还要求蒙古出兵配合，苏联必须积极准备战争。在李立三错误思想的主导下，城市武装暴动相继进行了。

李立三“左”倾冒险计划推行的结果，使刚刚发展起来的革命力量遭受了重大损失。中共在白区有11个省委机关遭破坏，武汉、南京等城市的党组织几乎全部瓦解。1.8万人被杀害，5000人被捕。红二军团在攻打长沙、武汉的过程中部队由 3 万人减为 1 万人。红十军攻打九江，损失了1.7万人，红七军攻打柳州，损失4000余人，红军在进攻大城市时遭到很大损失，还先后丢失了洪湖及右江等革命根据地。

好在李立三的“左”倾错误在党内统治的时间不长，只有三个多月。1930年7月23日，共产国际作出了《关于中国问题的决议案》，批判了李立三的“左”倾冒险主义错误，1930年9月24日，中共六届三中全会在上海召开，在瞿秋白、周恩来的组织领导下，结束了这次“左”倾冒险主义错误。

第三节 王明的教条主义路线及其危害

毛泽东的农村包围城市的正确主张在中央革命根据地的斗争实践中逐渐为全党所认识和接受。但是，20世纪30年代，我们党内盛行马克思主义教条化、共产国际决议和苏联经验神圣化的错误倾向，“立三路线”结束了，但王明“左”倾教条主义路线又粉墨登场了。

一、王明“左”倾教条主义占据中央统治地位

1931年1月，党的六届四中全会召开，王明在共产国际代表米夫的支持下进入中央政治局，以其为主要代表的“左”倾教条主义路线开始在中央占据统治地位。

王明“左”倾错误的主要特征是教条主义。其理论形态比李立三更“左”。1930年秋，王明根据共产国际的有关文件写成的《为中共更加布尔什维克化而斗争》（初名《两条路线》）一书集中体现了其错误思想。

第一，在中国革命的性质和阶级关系上。

夸大了资本主义在中国社会的比重，混淆了民主革命和社会主义革命的界限，企图把社会主义革命的任务放在民主革命阶段来完成，来一个“毕其功于一役”。实行“关门主义”，主张“进攻路线”。

第二，在革命形势和党的任务问题上。

夸大国民党统治的危机和革命力量的发展。认为革命有在一个或几个主要省份首先胜利的可能，主张在全国范围内采取进攻路线。

第三，在革命道路问题上。

低估根据地建设和农村游击战的重要性，夸大国民党统治的危机和革命主观力量的发展，低估红军战争和农村根据地在中国革命中的重要作用。坚持“城市中心”论，号召全党准备决战。提出了占取一二个重要的中心城市，以开始革命在一省或数省首先胜利的冒险计划。要求红军攻打中心城市，要求白区党组织组织各大城市的罢工、罢课、罢市、示威游行、集会和准备武装起义，配合红军攻打大城市。

二、赣南会议毛泽东受到错误批判

王明“左”倾教条主义统治了党中央的领导机关后，

1931年11月1日至5日，在中央代表团的主持下，中央苏区的党组织在江西瑞金召开第一次代表大会，通称“赣南会议”。苏区中央局代理书记毛泽东代表苏区中央局向大会作了报告。会议通过了《政治决议案》、《党的建设问题决议案》、《红军问题决议案》等五项决议案。

毛泽东以苏区中央局代理书记身份出席会议。这次会议就根据地问题、军事问题、土地革命路线问题等展开了激烈的争论。毛泽东坚持认为，中央革命根据地从实践中形成的一整套路线和方针是正确的，符合根据地实际情况的；提出要防止不顾根据地实际情况的本本主义。

“左”倾教条主义者集中批评毛泽东。第一，在思想理论上，他们把毛泽东坚持调查研究、从实际出发反对本本主义的实践经验指责为“狭隘经验论”。说道：“红军中狭义的经验论，在实际工作中有了不小影响，根本否认马克思列宁主义的理论，单凭自己的狭小经验和短小眼光来分析各种问题，这完全是农民的落后思想，事实上会走到错乱的非阶级路线的前途上。”第二，在土地革命问题上，把毛泽东等的正确主张斥责为“狭隘的经验论”、“农民的落后意识”和“富农路线”，甚至指责“抽多补少，抽肥补瘦”的土地政策，“是模糊土地革命中的阶级斗争，也是同样犯了富农路线的错误”。第三，在根据地问题上，他们要求中央苏区“必须于最短时间内同湘赣苏区以及赣南的零星苏区贯通，“再进一步与赣东北与湘鄂赣边苏区贯通，这样来扩大并巩固苏维埃根据地”。

会议通过的几个决议案最后都提出“要集中火力反对右倾”，实际上是不点名地对毛泽东进行批判。赣南会议后，毛泽东被排除在中央苏区红军的领导地位之外。

三、“九一八”后王明提出要攻打城市

“九一八”后，全国抗日民主运动开始兴起，国民党反动派统治的危机，加上红军和根据地的发展壮大，这些都对革命构成了非常有利的形势。但是，当时中共中央已经处在王明“左”倾冒险主义的统治之下。错误地估计了形势，实行关门主义和打倒一切的政策，提出“武装保卫苏联”、“反对一切帝国主义”的口号，脱离了中国当时的客观实际和全国各族人民抗日救国的要求，排斥和否定民族资产阶级、小资产阶级与国民党抗日将领的抗日活动，使党丧失了组织抗日民族统一战线的有利时机；开展飞行集会、示威游

行、公开散发传单等冒险主义的政治活动。

他们组织庞大的没有掩护的党的机关和各种脱离广大群众的赤色团体，如赤色工会、赤色济难会等，无条件地号召和组织政治罢工、同盟罢工、罢课、罢市、罢操、罢岗、游行示威、集会以至武装暴动，甚至拟定集中全国红军攻打中心城市的冒险计划，造成大批同志被捕、牺牲；在工人运动、学生运动和各类团体中大搞关门主义；在发展党团员工作上盲目追求数量，造成组织不纯，总之，王明的做法使白区革命力量受到极大的损失，临时中央政治局被迫于1933年1月初由上海迁入中央苏区的瑞金。当时的中央不仅没有能够利用“九一八”后出现的有利形势去推动抗日民主运动的发展，壮大人民革命力量，反而使高涨的革命运动低落了下来。

四、教条主义错误的严重危害

（一）在党内实行残酷斗争，无情打击

王明不仅排斥毛泽东，就连当时支持毛泽东的苏区干部也一并打击。临时中央在进入中央苏区后便在党、红军和根据地内全面地贯彻执行“左”的冒险主义方针。为了排除障

碍，他们在组织上采取宗派主义的手段，把抱有不同意见的干部都看作“机会主义者”，开展“残酷斗争”和“无情打击”。中共福建省委代理书记罗明、江西省委宣传部长邓小平等，根据实际情况，反对这种“左”倾的“进攻路线”，被指责为“对革命悲观失望的右倾机会主义的逃跑退却路线”。临时中央在福建开展反对“罗明路线”的斗争，接着又在江西开展反对邓（小平）、毛（泽覃）、谢（唯俊）、古（柏）的“江西罗明路线”的斗争。邓、毛、谢、古四人分别被派往农村或撤换职务。这场斗争的矛头，主要是针对毛泽东的各项正确主张，对不同意见进行压制，造成人心惶惶，使中央苏区内的政治空气变得极不正常。

（二）第五次反“围剿”的失败

当王明“左”倾机会主义错误在中央苏区和其他革命根据地得到大力贯彻的时候，蒋介石正在加紧准备发动第五次军事围剿。1933年下半年，蒋介石经过半年准备，发动了对中央苏区的第五次大规模“围剿”，自任总司令。他吸取前几次失败的教训，强调实行所谓“三分军事，七分政治”的方针，对中央苏区在经济上严密封锁，在军事上采取“堡垒主义”的新策略，步步推进。他先后调集一百万军队向各地红军进攻，而以五十万军队从9月下旬开始向中央苏区进攻。

这时，中央苏区的红军兵力已有八万多人，比过去有很大增强。中共临时中央负责人博古，依靠和共产国际有关系的军事顾问德国人李德（原名奥托·布劳恩）负责军事指挥。李德只有第一次世界大战中那种打正规的阵地战的经验，并不懂得中国革命战争的具体特点。他们放弃过去几次反“围剿”战争中行之有效的积极防御方针，提出“中国两条道路的决战”和“不放弃根据地一寸土地”等错误口号，主张“御敌于国门之外”，命令红军主力北上应敌，结果是红军辗转于敌军主力和堡垒之间，陷于被动地位。在进攻遭受挫折后，他们又采取消极防御的方针，主张分兵防御、“短促突击”，企图用阵地战代替游击战和运动战，同装备优良的国民党军队拼消耗。这样，就使战争的发展对红军日益不利。

当时出现过一次对红军粉碎“围剿”很有利的机会。在上海坚持抗日的国民党将领蔡廷锴、蒋光鼐领导的国民党十九路军，在全国人民抗日运动的影响和中国共产党“枪口一致对外”的号召下奋起抗击，展开了著名的“一·二八淞沪抗战”。1933年11月，在福建成立中华共和国人民革命政府，推李济深为主席，公开宣布抗日反蒋，并派代表同红军谈判合作，双方草签了抗日反蒋的初步协定。中华苏维埃临时中央政府和中国工农红军革命军事委员会曾在1933年1月17日发表宣言，愿意在下列三个条件下同任何武装部队订立共同抗日作战协定：“（一）立即停止进攻苏维埃区域；（二）立即保证民众的民主权利（集会、结社、言论、罢工、出版之自由等）；（三）立即武装民众创立武装的义勇军，以保卫中国及争取中国的独立统一与领土的完整。”这是个有重要意义的宣言。但博古等继续把中间派看成“最危险的敌人”，拒不接受毛泽东、周恩来、张闻天、彭德怀等提出的正确意见，认为十九路军的抗日反蒋行动是“欺骗群众”，不肯在军事上同十九路军进行配合。结果，孤立无援的福建人民政府在蒋介石军事进攻和政治分化下于1934年1月很快失败。十九路军主力被中央军击破，部分则向中央投降。只有少量十九路军军官到广西投靠李宗仁重组，其余被收编之部队中级以上军官全被更换，十九路军番号亦被取消。

由于红军坐失了这次良机，蒋介石便得以在打败福建人民政府后完成对中央苏区的四面包围。

1934年1月，中共临时中央在江西瑞金召开六届五中全会。这次会议把“左”倾冒险主义的错误推向了顶点。五中全会对形势作了完全错误的估计：它无视“左”倾机会主义错误给革命造成的重大挫折，盲目地说什么“中国的革命危机已到了新的尖锐的阶段——直接革命形势在中国存在着”；第五次反“围剿”的胜利“将实现一省或数省的苏维埃革命首先胜利，并奠定苏维埃在全中国胜利的坚固基础”；这一次斗争将决定中国的“苏维埃道路与殖民地道路之间谁战胜谁的问题”。在战略战术上，会议作出了完全错误的决定。这就使第五次反“围剿”的失败必不可免。

（三）红军被迫长征

王明等人的“左”倾教条主义错误给中国革命造成了极其严重的危害，使红军第五次反“围剿”失败，10月中旬，中央红军连同后方机关共8.6万多人，从福建长汀、宁化和江西瑞金等地出发，向红二、六军团所在地的湘西进军，开始长征。在此前后，除陕甘、川陕两根据地外，鄂豫皖、湘鄂西、湘赣、湘鄂赣、闽浙赣等根据地几乎全部丧失。这次错误使红军和根据地损失了90%，国民党统治区党的力量几乎损失了100%，中国革命几乎处于绝境。王明冒险主义造成的这次严重失败，使全国红军由30万人减少到3万人左右，共产党员由30万人减少到4万人左右。遵义会议批判了博古、李德在军事上的错误，撤销了其最高军事指挥权，选举形成了以毛泽东为核心的党中央的正确领导。

遵义会议还就中国革命道路问题进行了讨论，在党的历史上第一次解决了把工作重心放在农村的问题，形成了以农村为中心，把农村根据地的发展与巩固和夺取全国胜利联系起来的思想。因此，遵义会议是“农村包围城市、武装夺取政权”道路思想最终形成的标志。

第七章　农村包围城市道路的伟大胜利

遵义会议是中国共产党历史上的一次重要会议。在党生死攸关的危急关头挽救了党，挽救了红军，挽救了中国革命，使红军在极端危险的境地得以保存下来，胜利地完成长征，开创了抗日战争的新局面。它证明中国共产党完全具有独立自主解决自己内部复杂问题的能力，是中国共产党从幼年走向成熟的标志。

第一节　遵义会议后中国革命从全局上开始“走自己的道路”

一、从全局上开始摆脱“城市中心论”的束缚

遵义会议后，中国共产党独立自主地结束了“左”倾教条主义在党内的统治，为确立农村包围城市，走自己的道

路开辟了新路。中国共产党从成立到长征初期的十几年时间里，一直作为共产国际的一个支部，根据共产国际的指示进行党的自身建设和领导中国革命。一方面，幼年时期的中国共产党离不开共产国际的支持和帮助。另一方面，受“城市中心论”的影响，年轻的中国共产党没有任何经验，迷信共产国际的指导也就再正常不过了。

尽管1927年以毛泽东为代表的一部分中国共产党人，从中国实际出发开创了以农村包围城市武装革命道路，先后创建了以井冈山和中央苏区为代表的革命根据地，并且粉碎了国民党三次“围剿”，但由于共产国际对中国革命的影响，中国共产党内部仍出现了1927年右倾机会主义和此后连续三次的“左”倾错误。特别是1931年中共六届四中全会上台的王明“左”倾教条主义的领导者，在中共中央长达四年之久的统治，共产国际负有直接的责任，他们只会背诵马列词句，照搬外国经验，完全排斥和否定毛泽东等在革命战争实践中创造并被实践检验是正确的指导中国革命战争的理论和红军的战略战术，将红军的指挥权交给一个只懂外国国情、不懂中国国情的德国人李德，葬送了中国革命星火燎原的大好形势。它给党的白区的工作、土地革命、根据地建设、红军反“围剿”战争带来了重大损失，最后导致中央红军第五次反“围剿”战争的失败，南方各根据地相继丢失，红军不得不走上极为艰苦的长征之路。直到1935年的遵义会议，中国共产党在与共产国际没有任何联系的情况下，结束了“左”倾教条主义错误在党内的统治，确立了毛泽东在党和红军中的领导地位，使党的方针政策回到了正确轨道上来，中国共产党才独立自主地开始走“自己的道路”，摆脱了共产国际的领导。

二、建立并落脚川陕甘苏区根据地

由于王明“左”倾错误的危害，革命遭受严重损失，白区党组织几乎损失殆尽，革命根据地除陕甘边根据地外，均未能打破国民党军的“围剿”，红军被迫先后撤出根据地后实行了战略转移。这个大后方就是陕甘边革命根据地。

土地革命战争时期，革命起义在全国发生了一百多次，这一时期武装斗争的烽火燃遍祖国的大江南北。革命武装起义的直接结果是建立了五十多块革命根据地。随着南方革命根据地的丧失，西北革命根据地的位置突出出来了。土地革命战争时期的西北革命根据地主要有七块。

渭北根据地。这是中国共产党在西北创建的第一块根据地。1928年上半年，中共陕西省委首先领导组织农民举行了著名的三原县“交农”斗争，围攻县城，组织农民武装，为根据地建立奠定基础。1931年9月，三原县武字区农民成立反日救国会，1932年3月改为农民联合会，1932年9月成立革命委员会，建立了苏维埃政权。渭北革命根据地建立后，成立渭北游击队，与红二十六军一起，开展打土豪、分粮食的斗争。1933年8月，国民党军队六个团进攻以三原武字区、心字区为中心区域的渭北革命根据地，根据地失守。渭北革命根据地从1931年7月建立到1933年8月失守，坚持两年一个月。

陕甘边根据地。陕甘边革命根据地，是土地革命战争时期中国共产党领导的红二十六军和陕甘边人民创建的。到1935年2月，陕甘边根据地在今陕西志丹、安塞、甘泉、富县、宜君和甘肃华池、庆阳、合水、宁县、正宁等县的农村，设置了陕甘边南区和富西、富甘、赤安、华池、庆北等苏维埃县治，并在其区域内分配了土地。在这期间，由于国民党的“围剿”，陕甘边根据地两易中心，从1932年3月寺村原革命委员会的建立至1932年底，以陇东的正宁县等地为中心，1932年底至1933年底，根据地的中心在陕西耀县照金地区，1934年春至1935年春，转移到甘肃庆阳南梁地区。1935年2月，与陕北根据地统一为西北革命根据地，进入新的发展阶段。

陕北根据地。1934年8月到1935年2月，由中共陕北特委领导创建。根据地的辖区最大时设有赤源、秀延、延川、延水、绥德、清涧、佳县、吴堡、神木等九个苏维埃县治，形成佳（县）吴（堡）绥（德）清（涧）延（川）、神（木）府（谷）两块苏区。佳吴绥清延苏区包括今佳县、吴堡、绥德、清涧、子长、延川县的大部农村，靖边、安塞、米脂县东部和横山、子洲县南部的农村。神府苏区包括今神木、府谷县的大部农村，佳县和榆林市结合部的农村。

中共陕南特委创建的陕南根据地。1932年12月，红四方面军到达川陕边后，1933年2月，中共陕南特委在西乡县私渡河宣布成立红二十九军，建立西乡县城固边根据地，先成立边区革命委员会后改为苏维埃政府。面积350平方公里，约3000多户，1.1万人。1933年10月，在南郑、城固、褒城边界建立南城褒边区，成立边区革命委员会。

川陕根据地陕南苏区。由红四方面军入陕和川、陕人民共同创建，始于1932年12月底，止于1935年4月，历时两年四个月，其辖区分布在陕西汉中地区今镇巴、西乡、南郑、勉县、宁强等五个县境内。

鄂豫陕根据地。这是红二十五军在长征途中创建的。它大体上经历了两个阶段，即1934年12月红二十五军长征到鄂豫陕边，至1935年7月红二十五军主力北上与陕北、陕甘边红军会合为一段；1935年8月后红二十五军留的小部分红军与苏区各路游击师组成红七十四师，到1937年4月红七十四师离开鄂豫陕边为一段。前一段是中共鄂豫陕省委领导的，后一段是由中共鄂陕、豫陕两特委合并成立的中共鄂豫陕特委（即陕南特委）领导的。前后共两年零四个月时间。鄂豫陕革命根据地以陕西省的商洛地区为中心区域，其中包括陕西省的洛南、商南、丹凤、商县、山阳、镇安、柞水、蓝田、长安、宁陕、佛坪、洋县、旬阳等县的中心地带或边界地区。在中共鄂豫陕省委、鄂豫陕特委领导下，建立了鄂陕边区苏维埃政府。

西北根据地。西北革命根据地是在刘志丹、谢子长创建的陕北、陕甘边两个苏区的基础上统一后发展起来的。从1935年10月中共中央和中央红军到达陕北，到中共中央1937年2月决定成立中共陕甘宁边区委员会并改称特区，共一年零四个月时间。其区域在最广大的时候，东临黄河之滨，西到六盘山下，北起古长城，南至黄龙山，曾经建立过陕北省、陕甘省、陕甘宁省、陕北东地区、神府特区、关中特区及45个县级苏维埃政权。

西北革命根据地，是土地革命战争时期后期全国仅存的一块根据地，为中共中央和三大主力红军长征、中共中央把全国革命大本营放在西北提供了落足点，也为红军抗日提供了出发点，在中国人民的革命斗争中起了极为重要的作用。

第二节　农村包围城市道路的成熟

一、洛川会议

1937年，抗日战争全面爆发，在抗日战争新的实践中，中国共产党根据抗日战争时期主要矛盾的变化和中国社会经济政治发展不平衡的特点，分析了中日两国基本国情和抗日战争的性质，进一步论证了在民族解放战争的条件下走农村包围城市道路的可能性。

为了顺应全国抗战形势，中共中央于8月22日至25日，在陕西省洛川县冯家村召开了中共中央政治局扩大会议，史称“洛川会议”。

毛泽东代表中央政治局在洛川会议上作了关于军事问题和同国民党的关系问题的报告，深刻地分析了中国革命的形势，指出抗日战争将是艰苦的持久战，提出了党在抗日战争时期所采取的政治路线和基本方针。关于军事问题，报告指出红军在国内革命战争中已经发展为能够进行运动战的正规军。但在新的形势下，必须把过去的正规军和运动战变为分散使用的游击军和游击战原则。他提出红军的基本任务是：（1）放手发动群众，广泛建立敌后的农村抗日根据地；（2）钳制和相机消灭敌人；（3）配合友军作战（主要是战略配合）；（4）保存与扩大红军；（5）争取民族革命战争领导权。他指出红军的战略方针是：独立自主的山地游击战，包括在有利条件下集中兵力消灭敌人兵团，以及向平原发展游击战争。游击战争的作战原则是分散以发动群众，集中以消灭敌人，打得赢就打，打不赢就走，山地战要达到建立根据地、发展游击战争的目的，小游击队可到平原区发展。

此外，在这次会议上，以毛泽东为代表的党中央，从抗日战争的实际情况出发，抵制了王明要求党把工作重点放回城市以及右倾投降主义的错误，自觉地把全党的工作重点放在广大的农村。这些都是农村包围城市、武装夺取政权道路的展开，是对这条革命道路的丰富和发展。

二、进一步丰富了农村包围城市道路理论的基本内容

1938年10月，武汉失守，华北、华中、中南等地区的大城市和交通要道被日军所占领。在这种情况下，毛泽东从中国国情和抗战的实际出发，进一步论证了在日本帝国主义统治的地区，也可以走农村包围城市的道路，以打败日本侵略者。毛泽东在《论新阶段》中，对在抗日战争中如何实行农村包围城市作了这样的表述：敌人占领我主要的大城市与交通线之后，给了我们以很多困难，这就规定了抗日战争的长期性与残酷性。然而，我们必须说，乡村能够战胜城市。因为，依据于大后方的保持与敌后游击战争根据地的建立，坚持长期的广大的战争，去反对占领城市的敌人，用犬牙交错的战争，将城市包围起来，孤立城市，从长期战争中逐渐发展自己的力量，改变敌我形势，加上国际有利条件之配合，

就能举行反攻，收回城市。

针对当时党内一些人轻视游击战争、轻视抗日根据地的思想，毛泽东在1936年至1939年先后撰写了《中国革命战争的战略问题》、《战争和战略问题》、《中国革命和中国共产党》、《〈共产党人〉发刊词》等文章，这些文章从理论上系统地论述了农村包围城市、武装夺取政权的必要性与可能性，标志着农村包围城市道路理论形成并达到成熟。

首先，阐明了中国革命走以农村包围城市道路的必要性。毛泽东指出中国的特点："不是一个独立的民主的国家，而是一个半殖民地的半封建的国家；在内部没有民主制度，而受封建制度压迫；在外部没有民族独立，而受帝国主义压迫。因此，无议会可以利用，无组织工人举行罢工的合法权利。"这种国情就决定了中国革命不能像资本主义的国家那样，经过长期合法斗争以后再进行起义和战争，而是以武装的革命对武装的反革命为主要斗争形式。由于中国革命的敌人异常强大，而且长期占据城市，所以农村是孕育革命的温床，而占人口80%以上的农民则是反帝反封建的主力军，是无产阶级最可靠的同盟军。

毛泽东在《战争战略问题》中指出：革命的中心任务和

最高形式是武装夺取政权，是战争解决问题。武装斗争的特点决定了军队的重要性，因此共产党人要争党的兵权、人民的兵权、民族的兵权，不能在兵权问题上犯幼稚病。文章从中国政治斗争的历史方面阐述了中国革命只能走由农村包围城市，最后占领城市夺取全国政权的道路。文章还强调，党的原则是党指挥枪，而不是枪指挥党，号召全党注意军事工作和战略方针变化的规律，强调必须根据战争情况的变化，适时转变军事战略。文章分析了土地革命战争和抗日战争两个过程中的三个战略转变，即国内游击战争向国内正规战争的转变，国内正规战争向抗日游击战争的转变，抗日游击战争向抗日正规战争的转变。其中第二个转变，关系到整个抗日战争的坚持、发展和胜利，因此毛泽东强调抗日游击战的作用，特别指出游击队和游击战争应不停止于原来的地位，而向高级阶段发展，逐渐地变为正规军和正规战争，我们将经过游击战争，积蓄力量，把自己造成为粉碎日本帝国主义的决定因素之一。

其次，论证了农村革命根据地能够长期存在和发展的可能性。他说："微弱的资本主义经济和严重的半封建经济同时存在，近代式的若干工商业都市和停滞着的广大农村同时存在，几百万产业工人和几万万旧制度统治下的农民和手工业工人同时存在，管理中央政府的大军阀和管理各省的小军阀同时存在，反动军队中有隶属蒋介石的所谓中央军和隶属各省军阀的所谓杂牌军这样两部分军队同时存在，若干的铁路航路汽车路和普通的独轮车路、只能用脚走的路和用脚还不好走的路同时存在。”这六个“同时存在”将半殖民地半封建社会的经济特点准确无误地表达出来。

再从地理特征来看，中国是一个幅员辽阔的大国，革命势力有着充分的回旋余地，正所谓“东方不亮西方亮，黑了南方有北方”。正是这种特殊的国情，决定了中国革命有在农村区域首先胜利的可能，同时也决定了革命的长期性和艰苦性。

毛泽东在《中国革命和中国共产党》一文中指出：革命的对象是帝国主义和封建主义，而帝国主义是中国人民的第一个和最凶恶的敌人；中国革命的敌人，不但有强大的帝国主义和封建势力，在一定时期还有勾结帝国主义和封建势力的资产阶级反动派，这就使中国革命具有长期性和残酷性的特点。革命的主要形式必须是武装斗争，革命力量只能在农村建立根据地；中国革命有可能在农村建立根据地，走农村包围城市、最后夺取全国政权的道路。

毛泽东指出，中国革命的敌人是异常强大的，而且长期占据着中国的中心城市。因此，中国革命将是一个长期的、曲折的、艰苦的斗争过程。毛泽东在《战争与战略问题》中进一步指出，武装夺取政权，战争解决问题，这个马克思列宁主义的革命原则，无论在中国在外国一概都是对的。但在同一个原则下，就无产阶级政党在各种条件下执行这个原则的表现说来，则基于各自条件的不同而不一致。资本主义各国无产阶级政党到了起义和战争的时候，是先占城市，后进攻乡村。这是资本主义国家的共产党曾经这样做，并在俄国十月革命中证实了的。而中国革命则不同，“在这里，共产党的任务，基本地不是经过长期合法斗争以进入起义和战争，也不是先占城市后取乡村，而是走相反的道路”。

1938年10月，毛泽东在《论新阶段》中明确提出了乡村能够最后战胜城市的重要论断。他说，在资本主义国家，城市在实质上、形式上都统制了乡村，城市之头一断，乡村之四肢就不能生存。不能设想，在英、美、法、日、意等国，能够支持长期反城市的乡村农民战争。半殖民地小国也不可能。半殖民地大国如中国，在数十年前也很困难；在今天，却产生了这种可能，这里明显的是三个联为一体的条件：第一是半殖民地的条件；第二是大国的条件；第三是今日的条件。为此，毛泽东强调指出："我们必须说，乡村能够战胜城市，因为有上述三位一体的条件。"

最后，进一步阐明了工农武装割据思想，详细地论述了抗日战争中走农村包围城市道路的胜利前景。全面抗战爆发后，共产国际和苏联认为中国应该以国民党为中心结成抗日民族统一战线，要求共产党尽量迁就、服从、支持他们，目的很明确，就是要中国拖住日本，减轻苏联在远东方面的军事压力。1937年11月，王明回国后，虽然这时的王明在党内不占统治地位，但仍担任长江局书记，而且在党内仍有相当的影响力。王明由先前的"左"倾教条主义者，变成了不折不扣的右倾投降主义代表，他打着共产国际的旗号，主张运动战，反对游击战，甚至提出"一切经过统一战线，一切服从统一战线"的口号，实质上就是一切听命于国民党，放弃党的领导权；相信国民党超过相信共产党和人民群众，轻视人民群众、人民军队、游击队和敌后抗日根据地的作用；幻想依靠国民党军队求得速胜，把抗战胜利的希望寄托在国民党身上。“一切经过统一战线”、“一切服从统一战线”，实质上是又回到陈独秀“一切联合，否认斗争”的右倾机会主义路线上去，把抗日战争的领导权送给国民党，重蹈历史覆辙。王明的右倾言论在党内产生了一定影响，使得党内一些同志对于在国共合作抗日的新的历史条件下，仍然要走农村包围城市道路的必要性产生了动摇。针对于此，毛泽东在一系列论述中分析了抗日战争的形势，提出要坚持抗日战争的领导权，仍然必须执行独立自主的山地游击战的战略方针，仍然要坚持走农村包围城市的道路，并指出这是夺取抗战全面胜利乃至中国革命最终胜利的必由之路。

此外，毛泽东系统地阐述了农村根据地建设的理论。毛泽东在《抗日游击战争的战略问题》一文，强调抗日根据地的重要性，他指出，根据地是“达到保存和发展自己、消灭和驱逐敌人之目的的战略基地”。“没有根据地，游击战争是不能够长期地生存和发展的，这种根据地也就是游击战争的后方。”

从以上分析能看出，1936年以后是农村包围城市道路理论达到成熟和发展的阶段。毛泽东在抗日战争期间写的这些作品标志着农村包围城市的宏谋大略基本完成。

三、农村包围城市战略目标的实现

针对抗日战争爆发以后的“速胜论”和“亡国论”，毛泽东撰写了其他一系列理论著作，著名的《论持久战》和《抗日游击战争的战略问题》就是在这个时候写成的。毛泽东指出抗日战争是持久战，阐明了发展敌后游击战和建立敌后抗日根据地的重要意义。中国共产党以主要的力量开展敌后游击战争，建立抗日根据地，这实际上是在抗日民族战争的条件下，坚持走农村包围城市的道路。

同时，这一时期，在敌后抗日根据地实行减租减息的土地政策，进而使人民抗日力量发展壮大。到1945年抗战胜利前夕，在中国革命道路理论的指引下，党在农村包围城市的道路上迅猛发展。到1945年，全国共建立了19块抗日根据地，总面积达100万平方公里，人口9000多万，八路军、新四军等人民军队发展到90多万，民兵200多万，形成了依托根据地进行大反攻、收复和夺取城市的大好局面，农村包围城市道路充分显示了巨大威力。

第三节　农村包围城市道路的最后胜利

抗日战争胜利后，中国人民解放军在全国逐步实现了分块分片完成农村包围城市并夺取城市的任务。到1949年底，人民解放军夺取的城市已占全国城市的大多数。在中国革命即将取得全国胜利的形势下，中国共产党制定了由乡村转移到城市的新方针。

一、“向北发展，向南防御”

解放战争初期，中央提出了“向北发展，向南防御”的方针。当蒋介石与我党争夺东北，在东北调集了50万军队时，中央审时度势，预计不可能独占东北，控制东北大城市，又及时作出了“让开大路，占领两厢”的方针，即把工作重点放到距国民党占领的大城市较远的中小城市和广大农村，在那里发动群众，建立巩固的根据地。

解放战争打响以后，人民解放军粉碎了国民党的全面进攻和重点进攻，战略态势发生了根本变化，人民解放军由战略防御转入战略进攻。根据中央“先占中小城市和广大乡村，后取大城市”的作战方针，刘邓大军千里跃进大别山，人民解放军解放县城100多座，相继建立了中原、鄂豫皖、豫皖苏、豫西等解放区，像一把尖刀插进了国民党的心脏。山东解放军解放了山东除青岛、临沂等少数城市以外的山东半岛，经过辽沈战役、淮海战役、平津战役三大战役，消灭了国民党反动派的有生力量。上述根据地和解放区的建立与发展，逐步扩大了农村包围城市的战略态势，对最后夺取全国胜利起了决定性的战略作用。

二、七届二中全会

在中国人民解放战争即将取得全国胜利的前夕，中国共产党于1949年3月5日至13日在河北省平山县西柏坡中央机关食堂，召开了第七届中央委员会第二次全体会议。会议决定将党的工作重心由乡村转到城市。会议认为，从1927年大革命失败到现在，由于敌强我弱，党的工作重心一直在乡村。在乡村开展武装斗争，发动农民实行土地革命，建立革命根据地，为夺取城市作好了准备。现在经过辽沈、平津和淮海三大战役后，敌我力量发生了根本变化，继续采取农村包围城市的工作方式已经不适应了。从现在起，党的工作重心，应该由乡村转向城市，实行由城市领导乡村的工作方式。当然城乡必须兼顾，必须使城市工作和乡村工作、工业和农业、工人和农民紧密地结合起来，巩固工农联盟，绝不可只顾城市而丢掉乡村的工作。

会议根据毛泽东的报告精神，着重讨论了如何实现党的工作重心转变的问题。认为党必须用极大的努力学会领导城市人民进行胜利的斗争，学会管理城市和建设城市。在领导城市人民的斗争中，党必须依靠工人阶级，团结其他劳动群众，争取知识分子，争取尽可能多和共产党合作的小资产阶级、自由资产阶级及其代表人物站在一条战线上，以便向帝国主义、国民党反动派和官僚资产阶级做坚决的斗争。会议认为，管理和建设城市的中心任务和关键问题是恢复发展工业生产。首先，是公营企业的生产；其次，是私营企业的生产；再次，是手工业生产。城市中的其他工作，都应该为恢复和发展工业生产这一中心工作服务。全会号召“全党同志全力学习工业生产的技术和管理方法，学习和生产有密切联系的商业工作、银行工作和其他工作”。并使工人和一般人民的生活有所改善，否则，“党和人民就不能维持政权，就会站不住脚，就会要失败”。

党在西柏坡召开的七届二中全会上宣布：“从一九二七年到现在，我们的工作重点是在乡村，在乡村聚集力量，用乡村包围城市，然后取得城市。采取这样一种工作方式的时期现在已经完结。从现在起，开始了由城市到乡村并由城市领导乡村的时期。”党的工作重心开始由乡村转移到城市。至此，农村包围城市、武装夺取政权道路的理论得到完满的实现。

第八章　农村包围城市道路的重大意义

农村包围城市道路理论是在中国革命的实践中产生，又在实践中指导中国革命取得了胜利。井冈山时期是农村包围城市革命道路理论的奠基阶段，赣南闽西时期是农村包围城市道路理论的基本形成阶段，1936年以后是道路理论达到成熟和发展的阶段。这一理论的产生与成熟具有伟大的理论和现实意义。

第一节　农村包围城市道路的理论意义

一、是对"城市中心论"的重大突破

农村包围城市道路理论的创立，不是靠本本、靠教条解决中国革命的问题。农村包围城市的革命道路，在马克思主义、列宁主义的本本中找不到答案，在国际共产主义运动史

上也从无先例。

在马克思和列宁的著作中，革命的重点总是放在城市，这是有历史渊源的。

首先，无论是近代资产阶级民主革命，还是近代的无产阶级革命几乎都是在大城市发生，甚至许多国家革命就发生在一国的首都，就资产阶级革命来说，英国1640年资产阶级革命、法国巴黎1789年大革命、俄国1905年革命发生在首都。就无产阶级革命来讲，19世纪上半叶的欧洲三大工人运动发生在法国的里昂、英国的伦敦、西里西亚主要城市布勒斯劳、柏林、亚琛。此外，1871年的巴黎公社革命以及1917年发生在彼得格勒的俄国十月革命，也是在首都。这说明什么？这是由于资本主义世界的工业革命带来的生产力的飞速发展，使得新兴城市增多，城市人口急剧上升，革命有可能发生。近代资产阶级革命、无产阶级革命之所以在城市发生，一是因为城市人口多，二是生产力发达。

比如19世纪初叶，英国城市人口跃到全国总人口的2/3以上，工厂工人和运输工人总数达到200多万。40年代，法国的工厂工人总数为159万，德国的产业工人也达到了80万人。即使是当时资本主义发展相对落后的俄国，1913年城乡无产阶级和半无产阶级总数也达到了全国总人口的64.4%，其中产业工人350万，占无产阶级总数的1/5。

由于资本主义工业的发达，工人阶级人数的众多，资产阶级革命、无产阶级革命便必然发生在工业集中的中心大城市。

由此可见，西方国家的近代资产阶级民主革命和无产阶级革命多数发生在大城市并有许多成功的先例和这些国家处于发达和相对发达的资本主义时期的基本特征是分不开的。资本主义经济的飞速发展，城市在政治经济上的决定性地位和城市人口的众多并占绝对优势，使近代革命的重心便必然落到了城市。

其次，中国近代的革命也曾长期在大城市进行。无论是太平天国运动、维新变法，还是辛亥革命，乃至于北伐战争，也都是以占领城市为目标的武装起义。尽管这些起义失败了，但在历史上留下了深刻的影响。

中国革命以城市为中心目标，一方面是受西方革命的影响，另一方面也是中国革命的传统习惯所致。中国历史上的许多农民起义和造反，要么是攻陷城池，要么是焚毁首都，多数以失败告终。

为什么西方国家的城市革命能成功，而中国城市革命却以失败而告终？因为国情不同。中国当时是一个有着两千多年的封建国家，自然经济长期占据着统治地位，除了食盐需到市场交换以外，基本上农民需要的衣食产品都可以自行解决。“重农抑商”是中国当时的传统观念。城市依赖农村而生存，而农村则不依赖城市而独立存在，这种政治、经济与社会发展的极端不平衡，成为近代中国社会的基本国情。

受“城市中心论”的影响，中国共产党一开始也把革命重点放在城市，先后进行的城市武装起义、城市暴动一次又一次都相继失败，中国共产党人痛定思痛，在井冈山上，成功开辟出第一个农村根据地，开创了各国无产阶级革命道路多样性 选择的先河。

二、是对武装夺取政权学说的重大发展

以毛泽东为主要代表的中国共产党人之所以选择农村包围城市、武装夺取政权的革命道路，完全是从中国的国情出发。中国共产党之所以必须把工作重心首先放在乡村，不仅

是由于农民受压迫最深，革命最坚决，更关键的是反帝反封建的民主革命的长期性。

首先，大革命失败以后，如果中国革命继续以城市为中心，要么是同国民党妥协；要么是以卵击石，同帝国主义支持的国民党抗衡。结局只有一个，那就是中国革命失败。

其次，在农村建立根据地，以农村包围城市、武装夺取政权道路的思想，是以毛泽东为主要代表的中国共产党人的集体创造。它反映中国革命发展的特殊规律，指明了中国革命走向胜利的唯一正确的道路。

再次，是对本国革命经验的总结。毛泽东指出："中国革命斗争的胜利要靠中国同志了解中国情况。"为把中国革命引向胜利，必须认真地调查研究中国的情况，独立地思考和解决中国革命的问题。

以毛泽东为主要代表的中国共产党人正因为坚持了这样一条实事求是的思想路线，善于向实践学习，向群众学习，善于总结群众斗争的新鲜经验，所以才能够在中国革命的转折关头，表现出革命的首创精神，显示出巨大的理论勇气，提出农村包围城市、武装夺取政权道路的思想，从而为复兴中国革命和争取中国革命的胜利指明了唯一正确的道路。

三、是毛泽东思想形成的重要标志

中国革命新道路的开辟，是马克思列宁主义普遍原理与中国革命具体实践相结合的光辉典范，是毛泽东思想形成的重要标志。农村包围城市、武装夺取政权的革命新道路的开辟及其理论的创立，无论在中国革命史上，还是马列主义、毛泽东思想发展中都具有十分重大而深远的意义。

“农村包围城市、武装夺取政权”道路理论的重大意义也就是马克思主义中国化的意义。马克思主义的中国化是一个艰难地探索的过程，教条主义的盛行一度使我们对马克思主义的认识停留在表面。直到毛泽东提出“工农武装割据”革命思想方针，无产阶级才开始意识到教条主义的局限性。这一思想也确保了毛泽东在战争中的领导地位，从中国的实际出发确定自己的革命道路。从而将马克思主义与中国实际情况完全结合起来。因此不得不说，在马克思主义中国化这条道路上，毛泽东可谓走得最早，走得最远，走得最深。

“农村包围城市、武装夺取政权”不仅是当时中国民主革命的必由之路，更是毛泽东从实际出发，将马克思主义中国化的伟大产物，不仅是创造性的，也是无法比拟的。这一理论为中国民主革命迈出了最关键的一步，也成为马克思主义中国化最光辉的经典产物。其影响，是不可估量的。

毛泽东作为农村包围城市道路最早的探索者和实践者，集中全党的智慧，及时总结了大革命成败的经验教训，集中全党的智慧，果断地冲破了教条主义的束缚，创造性地摸索出了一条适合我国国情的革命道路。

农村包围城市革命道路理论，揭示了中国革命发展的规律，指导中国革命取得了最后的胜利。毛泽东指出：“不论做什么事情，不懂得那件事的情形，它的性质，它和它以外的事情的关联，就不知道那件事的规律，就不知道如何去做，就不能做好那件事。”中国革命和建设有其自身特殊的发展规律，这种特殊的发展规律根源于中国独特的国情发展规律，可以说农村包围城市革命发展道路理论正是建立在对中国国情准确的把握和认识的基础上。

第二节　农村包围城市道路的现实意义

一、是中国革命的唯一正确道路

道路理论不是理论家坐在空房子里空想出来的，而是实践中摸索总结出来的。如上所述，同样一条革命道路在俄国及法国能取得成功，但到了中国却走了样。中国共产党也想走俄国人的路，但却付出了血的代价。毛泽东把马克思列宁主义的普遍原理与中国革命具体实践相结合，在秋收起义失败的不利情况下，果断地提出将起义部队转移到农村，在农村休养生息，发展壮大，走出了一条不同于俄国的农村包围城市、夺取城市政权的道路。

当时从共产国际到中共中央，从莫斯科到井冈山，对毛泽东探索和开辟的道路都在指手画脚，有不同的看法。然而中国革命斗争的实践证明毛泽东道路理论是正确的，因为中国的国情与俄国、法国不同，中国革命如果照搬照抄俄国、法国革命的经验，中国人民将继续在黑暗中摸索、徘徊，甚至遭受更多的苦难。总结28年中国民主革命历程，两次历史转折都验证了道路理论的正确性。

第一次历史转折是从北伐战争失败到土地革命战争兴起。大革命失败时，党员人数由6万人骤然减少到1万人，中国共产党人在农村开展“工农武装割据”，迎来了土地革命战争的兴起，星星之火，终成燎原之势。实践证明了毛泽东开辟的农村包围城市道路理论的正确性。

第二次历史转折是从第五次反“围剿”失败到抗日战争兴起。第五次反“围剿”失败，红军被迫从中央革命根据地撤退，开始了二万五千里长征。到达陕北时，红军只剩下3万余人。这3万多革命的种子在陕甘革命根据地休养生息、发展壮大，迎来了抗日战争的兴起。

在抗日战争中，红军改编为八路军、新四军，由3万余人发展到10多万人、数十万人。到抗日战争结束，中国共产党成为拥有120万党员的大党，解放区19个，人口1.2亿，解放军120万，民兵200万。

解放战争时期，我们只用了三年时间打败了蒋介石800万军队，从农村走向城市，夺取全国胜利。

事实清楚地表明，正是由于坚持农村包围城市的革命道路，我们党才两次实现了从失败到复兴的伟大历史转折，使中国革命走上了胜利之途。

农村包围城市的革命道路，是符合中国国情的正确的革命道路，也是中国革命能够成功的唯一正确的革命道路。它是以毛泽东为主要代表的中国共产党人关于中国革命战争和建立农村革命根据地的经验总结，它正确地揭示了中国革命发展的客观规律。农村包围城市道路理论对于中国革命的历史经验和意义是非常深远的。

二、是对中国国情的正确认识

马克思主义认为，无产阶级要夺取国家政权，只能通过暴力革命去实现。革命的中心任务和最高形式，是武装夺取政权和战争解决问题。在近代中国，无论是农民阶级还是资产阶级，都曾高举武装斗争的旗帜，开展革命斗争，建立自己的政权，但都未能逃脱失败的命运。以毛泽东为代表的中国共产党人，依据马列主义的基本原理，结合中国的实际，吸取了近代武装斗争的经验教训，终于找到了一条有中国特色的革命道路，即农村包围城市、武装夺取政权的道路。

首先，中国国情与西方不同。俄国十月革命以城市为中心暴动取得了胜利，但在中国却不行。

一是如前所述，中国城市依赖农村，而农村却可以不依赖城市。中国长期以来是一个自然经济为主导的自给自足的封建农业经济国家，农业经济占主导，重农抑商的传统观念严重阻碍着手工业、商业的发展。传统意义上的城市不是经济的产物，而是政治的产物，城市手工业、商业先进，农村落后，但是农村农业经济往往更强大。

二是经济、政治与社会发展极端不平衡。1840年以后，随着鸦片战争的爆发，中国由一个独立的国家变成了半殖民地半封建国家。伴随帝国主义各国在中国划分势力范围和实行分裂的剥削政策，中国长期无法真正统一。

在帝国主义和封建王朝的联合统治下，中国传统的封建经济结构受到了破坏，资本主义萌芽出现在东南沿海，使得近代资本主义经济因此得以长生。但是在幅员辽阔的农村，自给自足的小农经济仍然占优势地位，中国广大的人力物力资源不在城市仍然在农村。中国的城市不能完全控制农村，农村依然可以不依赖于城市而独立存在。

这种经济、政治与社会发展极端不平衡，必然成为近代中国社会的基本国情。

三是中国城市人口少，而农村人口众多，农村人口占全国人口的80%。封建经济始终占主导地位，虽有资本主义萌芽，但民族资产阶级力量极其弱小，中国工人阶级的力量也不强大。直至1919年，中国工人阶级总数仅有200万，不到全国总人口的千分之五。根据国家统计局《中国统计年鉴》（1983年）公布的资料，即使是到了1949年年底，中国的城镇人口也仅有5700万，占全国总人口的10%左右。

因此，中国的革命若照搬照抄西方革命城市中心论的经验，显然是很难战胜强大的帝国主义封建主义势力的。

中国革命应该走城市包围农村还是农村包围城市道路？正如后来邓小平所指出的：马克思、列宁从来没有讲过农村包围城市，这个原理当时在世界上还是没有的。但是，毛泽东根据中国的具体条件指明了革命的具体道路，在军阀割据的时候，在敌人的控制薄弱的地区，领导人民建立革命根据地，用农村包围城市，最后夺取了城市。列宁领导的布尔什维克党是在帝国主义世界的薄弱环节搞革命，我们也是在敌人控制薄弱的地区搞革命，这在原则上是相同的。但我们不是先搞城市，而是先搞农村，用农村包围城市。如果没有实事求是的思想，能提出和解决这样的问题吗？能把中国革命搞成功吗？

其次，中国革命发展道路具有特殊性。中国是一个半殖民地半封建的国家，内部没有民主制度，受封建制度压迫；外部没有民族独立，受帝国主义压迫，强大的敌人长期占据中心城市和交通要道。因此，中国革命的道路既不同于俄国，也不同于一般的资本主义国家，这就是中国革命发展道路的特殊性。

再次，中国是以农民为主体的国家，农民是革命的主力军，农民必然成为中国武装斗争的主体。既然中国的武装斗争就是以农民为主体的革命斗争，那么党的工作重点，革命的战略基地就必须放在农村。建立农村革命根据地，就成为中国革命发展的必然趋势。正如毛泽东指出的："强大的帝国主义及其在中国的反动同盟军，总是长期地占据着中国的中心城市，如果革命的队伍不愿意和帝国主义及其走狗妥协，而要坚持地奋斗下去，如果革命的队伍要准备积蓄和锻炼自己的力量，并避免在力量不够的时候和强大的敌人作决定胜负的战斗，那就必须把落后的农村造成先进的巩固的根据地，造成军事上、政治上、经济上、文化上的伟大的革命阵地，借以反对利用城市进攻农村区域的凶恶敌人，借以在长期战争中逐步地争取革命的全部胜利。"

总之，半殖民地半封建的特殊国情，决定了农民是中国革命的主力军，农村是中国革命的战争基地。中国革命必须走农村包围城市、武装夺取政权的道路

三、是对中国革命实践经验的科学总结

毛泽东亲自领导并参加了“工农武装割据”的伟大实践，在斗争中不断吸取各地根据地建设取得的经验。可以说，道路理论集中了全党的智慧。

农村包围城市理论，充分体现了以毛泽东为代表的中国共产党人实事求是精神。道路理论从一开始就是毛泽东等人革命实践的产物，从三湾改编、创建工农红军、建立井冈山根据地到实行工农武装割据，摸索出工农武装割据、土地革命和根据地红色政权建设三者关系的经验模式，再到产生农村包围城市的道路理论，无一不是以毛泽东为代表的中国共产党人实践的结果。

遵义会议确立了毛泽东的领导地位以后，道路理论得到进一步完善和充实，它仍然是以具体斗争为坚实基础。正是因为有了土地革命战争、抗日战争、解放战争实践，才使得毛泽东制定了红军时期、抗日战争时期和解放战争时期各自

不同的根据地军队发展战略。正是立足于农村根据地的具体实际，才使得毛泽东摸索出了在农村环境中建党建军的指导思想和具体方法。农村包围城市的理论和实践，充分体现了我党脚踏实地的实践精神，而这种精神在我党的任何一个历史时期都是不可或缺的。

道路理论指引中国革命取得了最后胜利。在道路理论的指引下，中国革命经过土地革命战争、抗日战争和解放战争，于1949年建立了新中国，中国新民主主义革命取得了最后胜利。道路理论是马克思主义实事求是、一切从实际出发思想灵魂的具体体现，其理论和实践开辟了一条与俄国十月革命不同的道路，开创了各国无产阶级革命道路多样性的先河，为国际共产主义的发展提供了经验。

农村包围城市道路理论，是中国共产党经过长期独立自主的艰辛探索而取得的重要理论成果，它不仅指引中国革命走向胜利，也带给我们很多有益的启示：

一是立足于中国国情解决农民问题。“农村包围城市”理论之所以在新民主主义革命中起到重要的理论指导作用并领导人民革命走向成功。其基本原因是立足于中国实际，实事求是。同样，今天中国的“三农”问题解决也必须立足于目前我国的实际。当前我国最大的实际是我国是一个农业大国，13亿人口中有9亿多是农民，“三农”问题始终是关系党和人民事业发展的全局性和根本性问题。党的十八大报告明确提出，解决“三农”问题是全党工作重中之重，城乡一体化是解决“三农”问题的根本途径。据统计，2011年农村居民人均纯收入只相当于城镇居民人均可支配收入的32%，农村年人均纯收入低于2300元的扶贫对象仍有12238万人，农村还有几千万人口饮水不安全，一些村庄还不通公路，一部分农户还没有通电，农村义务教育生均经费、人均医保支出、千人平均卫生技术人员数量、低保标准、合作医疗补助标准、社会养老保险补助水平等都明显低于城镇；特别是1亿多进城务工的农民工，由于户籍限制无法在城市安家落户，难以与城镇职工同工同酬，不能真正融入城市，长期游离在城乡之间，合法权益不能得到充分保护。既然制约“三农”问题有效解决的深层次矛盾是城乡二元结构，那么，解决“三农”问题就必须加大统筹城乡发展力度，着力破除城乡二元结构，逐步缩小城乡差距，推动城乡发展一体化，这是解决好我国“三农”问题的必然选择。革命战争年代，中国共产党靠道路理论取得了民主革命胜利，今天的改革开放年代，

“三农”问题又成为中国现代化的根本问题。彻底纠正城乡差别发展的旧战略和旧体制，全面推进城乡一体化改革，实现城乡一体化发展，不仅是解决新时期“三农”问题的根本出路，也是当前扩大内需、保持国民经济持续增长的治本之策，更是实现中国现代化的必由之路。

二是加强理论创新要有创新意识。创新意识是社会前进的动力所在。农村包围城市这一理论本身是一种创新，在国家政策上，一国两制、“三个代表”到和谐社会都是理论创新，这一系列新理论的提出保证了我国快速健康地发展。在农业问题上，党的十八大提出的城乡发展一体化是解决“三农”问题的根本途径，在某种程度也是一种创新。准确把握城乡一体化思想，大力推进形成新型工农、城乡关系。必须坚持“四化同步”发展的战略部署，坚持工业反哺农业、城市支持农村和多予少取放活的方针，加大统筹城乡发展力度，着力推进城乡规划、基础设施、公共服务一体化，促进城乡要素平等交换和公共资源均衡配置，形成以工促农、以城带乡、工农互惠、城乡一体的新型工农、城乡关系。

十八大首次提出“美丽中国”的概念，要准确把握生态文明建设新的要求，坚持不懈促进农业可持续发展。牢固树立生态文明理念，加快转变农业发展方式，珍惜、保护土地，优化农业发展格局，坚定不移地走生产发展、生活富裕、生态良好的文明发展之路，促进农业可持续发展。这些理论进一步发展了党关于“三农”工作的指导思想与政策理念，必将引领农业农村发展，开创崭新局面。

三是一切从实际出发，走自己的路。毛泽东指出：“任何外国的经验，只能作参考，不能当作教条。一定要把马克思列宁主义的普遍真理和本国的具体情况这两个方面结合起来。”1982年9月，邓小平说：“我们的现代化建设，必须从中国的实际出发。无论革命还是建设，都要注意学习和借鉴外国经验。但是，照抄照搬别国经验、别国模式，从来不能得到成功。这方面我们有过不少教训。把马克思主义的普遍真理同我国的具体实际结合起来，走自己的路，建设有中国特色的社会主义，这就是我们总结长期历史经验得出的基本结论。”1984年10月，邓小平又一次强调指出：“中国革命的成功，是毛泽东同志把马克思列宁主义同中国的实际相结合，走自己的路。”

改革开放几十年来，我们国家逐渐形成了全方位对外开放格局，努力融入世界经济体制中，使我国企业竞争力增强，经济高速发展，造就了今天欣欣向荣的局面。以经济发展为中心，制定出符合我国实际情况的政策，使得我们国家在一条独特的道路上快速前进，这是一条以前没有国家走过的却适合我国的道路。

实践证明，农村包围城市道路在中国革命和战争年代是夺取中国革命胜利唯一一条正确的道路，今天在建设中国特色社会主义道路上，这个理论必将对中国特色社会主义建设具有现实的启迪意义。